クラスが安定する！
教師の言葉かけ

阿部真也

JN012677

学陽書房

はじめに

　子どもたちが話を聞いてくれない。
　クラスがギスギスしている。
　毎日のようにトラブルがある。
　保護者の方から注意を受ける。

　初任者の頃、私の心は擦り切れ、夜も眠れないことがありました。この本を手にとってくださっている方の中にも、そんな経験をされている方がいらっしゃるかもしれません。
　当時の私は、どうにかこの暗中模索のトンネルから抜け出そうと、たくさんの教室にお邪魔する中で、明るく前向きな学級には共通点があることに気がつきました。
　それは、教師が子どもを褒め、励まし、認める言葉の「数と質」です。朝の会で褒め、授業で励まし、帰りの会で子どもたちの頑張りを認める。前向きな言葉を浴びる子どもたちは、目を輝かせ、仲間を思いやる人へと成長してきます。

　では、どのような言葉をかけたら良いのでしょうか。
　もともと、私は、人を褒めたり、認めたり、尊重したりすることがとても苦手でした。そんな私に言葉かけのヒントをくれたのが心理学です。心理学は心の学問です。子どもの心の作用について、たくさんの答えをくれました。
　どのような言葉をかけたら、子どもたちが前向きになるか。励ます言葉はどのようなものがあるか。その問いに、心理学は科学的な根拠を示してくれたのです。
　本書で紹介する言葉かけも、子どもの心の動きに沿ったものです。実践していただければ、「いつもはおしゃべりばかりの子どもが、真剣に話を聞くようになった」「何事にも面倒くさそうにしている子ど

もの動きが変わった」という体験をしていただけるはずです。

　本書では、学校現場で特に重要な場面ごとに、効果的な言葉かけを記しました。いつもの学級運営や授業で使っていただけます。

　第1章では、言葉かけはもちろん、「言葉かけをする前」に注目し、どのような言葉かけでも「効果を上げる」ための技術について記しました。

　2章以降は「褒める」「叱る」といった、普段悩みがちな言葉かけを解説します。また、子ども同士のトラブル時の指導や、その後のフォローまでをしっかりお伝えします。「トラブル」といった一見後ろ向きな場面であっても、「いかに、子どもの背中を押す言葉かけをするか」という視点で書きました。

　さらに、「安定したクラス」をつくるためには、子どもの協調性や主体性を伸ばしていくことも大事です。「協調性や主体性って、どうやって指導したら良いの？」という方にも、具体的な手法を説明します。

　なお、心理学を応用した言葉かけは、大変効果があります。したがって、使い方には注意が必要になります。クラスをより良いものにしていきたい。子どもたちに毎日笑顔で、気持ち良く学校生活を送ってほしい。そんな温かい気持ちでご使用ください。

　言葉かけにお金は必要ありません。数秒程度の「言葉」によって、クラスはガラッと変わります。そうした体験をぜひ、本書を通して行っていただければと思います。読み終わる頃には、きっと学級運営を楽しめるようになっていることでしょう。

　この1冊がより多くの方の力になりますように。

阿部　真也

contents

第**3**章
子どもの心に響く
「叱る」言葉かけ

第6章 クラスに「協調性」が生まれる言葉かけ

第**7**章　1人ひとりの「主体性」を引き出す言葉かけ

第 1 章

クラスがまとまる「きほん」の言葉かけ

1 子どもに「話を聞く準備」をさせる

　全体指導でも、個人的な指導でも、「なんだか子どもの心に響いていない」「1人ひとりに届いていないなぁ」と感じることがあります。まずは、子どもたちの「姿勢」に注目してみましょう。

効果的な言葉かけ

姿勢を正しなさい

これから大事な話があるんだな

正しい姿勢が 心と身体を引き締める!

POINT 「大事な話のときは、姿勢を正す」を徹底する

まず子どもの「聞く姿勢」を整えよう

　教師が、子どもに自分の言葉が届かないと感じる場合、その背景には「聞く側（子ども）の聞く準備ができていない」という原因があることが少なくありません。「この話はきちんと聞かなければ」というスイッチが入っていないのです。しかし、「しっかり聞きなさい」と声を荒らげても、「なんで先生は怒っているんだろう？」と思われるだけです。

　そこで、聞くことの準備段階として、まず姿勢を正すように指導することがとても重要です。「姿勢を正しなさい」と告げることで、「今から大事な話をする」ということを子どもに暗に伝え、緊張感を持たせることができます。これは、心理学でいわれる「心と身体はつながっている」という考えからです。

　話を始める前に、姿勢をしっかりと正させることで、子どもの心や気持ちを引き締めることができます。

　また、姿勢を見ることで、子どもの心の様子を推し量ることができます。たとえば、「姿勢を正しなさい」といっても正さない場合は、教師に反発したり、話し合いに入るつもりがなかったりしていることを表しています。教師には、より子どもに寄り添う指導に変えるなど、次の手立てを考える指針になります。

新学期が始まったら、すぐに「姿勢の正し方」を教える

　4月の段階で、「姿勢を正す」ということが何を意味するのかをしっかりと伝えることも重要です。そもそも「姿勢を正す」ということがどんなことなのか、子ども自身が理解していなければ、サッと直すことはできないからです。ですから、新学期が始まったら、全員に「正しい姿勢」を理解させましょう。子どもたちの姿勢が整うと、クラス全体に安定感が生まれます。

2 ちょっとした言い換えで 誰もが姿勢を正す

「背筋を伸ばしましょう」「足をつけましょう」など細かい指導も大事ですが、細かすぎると、子どもは「押し付けられている」と感じます。そこで、こんな言葉かけが有効です。

効果的な言葉かけ
自分が「よい」と思う 姿勢をしてごらん

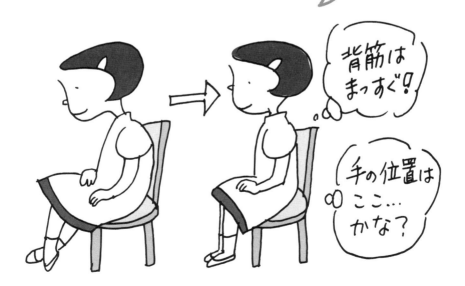

背筋は まっすぐ！

手の位置は ここ… かな？

POINT 子どもの自主性を生かすと、成長が生まれる！

「考える余白」をつくろう

　心理学には「自己決定感」というものがあります。これは、ある行動が他者から押し付けられたものではなく、自分で決定し、行動したときに感じるものです。この自己決定感を持たせることで心理的抵抗感を減らし、円滑に行動することが期待されます。

　つまり、「自分が『よい』と思う姿勢をしてごらん」という投げかけを通して、子どもたち自身の考える「余白」をつくるのです。

　自分で考える余白を与えると、子どもたちは「背筋はどうしたらいいかな」「手の位置はどうしよう」などと考えて、自分の中にある最高の姿勢を決め、実行することになります。

　また、全体へこの言葉かけを伝えると、もともと姿勢が立派な子をより正しい姿勢に導くことができます。

褒めるチャンスを生み出す

　「自分で思う正しい姿勢」をしたということは、子どもが自ら課題を発見し、正したということです。「自分で正しい姿勢にすることができて素晴らしい！」と、自主性を褒め認めることができます。本来、姿勢を正すという指導の場面が、褒める場面へと変わっていくのです。

　姿勢を直さない子もいるかもしれません。そもそも「正しい姿勢」とは何かがわかっていない場合もあるからです。そうしたときは、正しい姿勢とは何かをしっかりと教えます。それでも直さない子がいれば、近くにいき、実際に手を添えて、お手本を示しながら指導しましょう。さらに、「○○さんと、○○さんを見ましょう」と伝えます。クラスの中で正しい姿勢をしている子をお手本にすることで、視覚的に正しい姿勢を示し、改善させることは大変有効です。

3 特別な存在であることを 伝え、信頼を得る

指導をしていると、どこか反抗的な態度をとる子どもと出会うことがあります。「どうせ、自分なんか」と投げやりになっている子もいます。そうした場面では「教師の期待」を伝えることが大事です。

効果的な言葉かけ

君だからこそ言うね

POINT 難しい指導は、信頼関係を結ぶことから始めよう

信頼関係は、好意を伝えることから始まる

　反抗的な、または投げやりな態度をとる子は、「先生は自分のことが嫌いなんだ」などと思い込んでいる場合があります。そこで、まずは、教師の子どもに対する思いを伝える言葉をかけることで、子どもの変容を図ると良いでしょう。

　たとえば、喧嘩が解決した後に、当事者のうち、よく喧嘩をしてしまう子だけを呼びます。その子だけになった場面で「君だからこそ言うね」という言葉をかけます。多くの子は「なんだろう？」という顔をしながらも「はい……」と返事をしてくれます。この言葉かけの後に、「また喧嘩しそうになったら、まずは、立ち止まって、本当に怒るほどのことなのかを考えてみて。これは、なかなかできないことだよ。だけど、君だからこそ、お願いしているんだよ」と伝えましょう。

　これは「ハード・トゥ・ゲット・テクニック」といい、「私にとって、あなたは特別な存在だ」と、相手に自分の好意や信頼を伝える手法です。難しいことを、あえて「君にはできる。その君だからこそお願いしている」と語りかけることで、子どもは「先生は自分に期待しているんだ」「だったら少しやってみよう」と感じます。その結果、信頼関係を結ぶことができるのです。

使用上の注意点

　子どもは、必ずこの言葉かけで変わるため、少しの変化を見逃さず見取ることが大切です。一度きりではなく継続的に、君には期待しているという思いを伝えることが重要です。

　ただし、必ず他の子どもがいない状況、あるいは聞こえない状況で伝えましょう。他の子どもに「えこひいきしている」「自分も言われたし、みんなに言っているのでは？」と不信感を持たれてしまう可能性があるからです。また、特定の子に頻発するのもＮＧ。「君だからこそ」という言葉が軽くならないように気をつけましょう。

4 教師の話に グッと引き入れる

　教師が語っているときに、子どもたちの集中力が続かないことがあります。教室全体の上の空な空気感は、話の優先順位を伝えることで解消します。

効果的な言葉かけ

ここは一番集中しよう

じーーーっ

全神経を集中して

POINT アレンジを効かせてメリハリのある展開にしよう

聞き逃してはいけないポイントを明確に示す

　心理学には「孤立効果（フォン・レストルフ効果）」というものがあります。同じような事柄が続く中、1つだけ違うものを入れることで、その特徴的なことが印象深く伝わる心理効果です。話にも変化をもたらし、子どもたちが意欲的に聞くことが期待されます。

　「ここは一番集中しよう」「全神経を集中して」と強調することで、子どもたちの中に「この話は、他とは違うんだ」「しっかり聞かなくてはいけない」という気持ちが生まれます。一番伝えたいことを子どもたちに届くようにすることをねらっています。

　裏を返せば、メリハリのない話を長時間していては、子どもの印象には残らないということです。当たり前のような言葉かけですが、この単純で直接的な言葉かけで目の色が変わったり、顔を上げたりする子が出てきます。

授業でも大きな効果を発揮する

　学級経営上の大切な話にだけではなく、授業でも使えます。「この1時間でここだけ、覚えてほしい」と伝えると、子どもの目つきが変わり、一生懸命聞くようになります。

　また、授業終了時刻ではなくても、一番大きな学習テーマを指導し終わった後に、「これで、授業を終わります」と冗談を交えながら伝えることもできます。算数であれば、「もう、この1時間で大切なことは学びました。では、授業を終わります」と話します。すると元気な男の子が「いえーい」と喜んだり、誠実な子が「え!?　先生、まだ授業の終了時刻ではありませんよ」と言ったりします。「もちろんです。学習内容は終わりましたが、練習はします」と答え、練習問題などを行うように促しましょう。単調な授業展開に笑いが入り、子どもたちは意欲的に授業に取り組むようになります。子どもにとって記憶に残る印象的な授業となることでしょう。

5 質問で子どもの「聞きたい」を引き出す

教師はどうしても、「うまく伝えよう」と思い、次から次へと話したくなります。しかし、話せば話すほど子どもの心は遠ざかってしまいます。時には子どもたちに質問をすることも大事です。

効果的な言葉かけ

先生がこれから言いたいことはなんでしょう

廊下を走っている子がいます

正解！ よくわかったね！

POINT 子どもの発言を生かして、一緒にクラスをつくる

説明一辺倒ではない問いかけ

　たとえば、クラス全体で学校のルールを守れていないときに、教師は全体に向かって指導することがあります。その際には、説明一辺倒ではなく、「先生がこれから言いたいことはなんでしょう」と問いかけます。

　教師の問いかけに、子どもたちは内省し、先生が言いたいことは何かを考えるでしょう。

　問題意識が高い子や善悪の判断が身に付いている子の中には、「廊下を走っている人がいる」と問いかけに答えることができる場合があります。もし気がついた子がいれば、教師は「おお。気がついたのですね」と褒めることができます。

　心理学に「自己効力感」という言葉があります。自己効力感とは、他者の要請に自分がしっかりと応えられるときに得られる感情です。教師の問いかけや指示にしっかりと応えられる経験をすることで、子どもは自分に自信を持つことができます。「先生がこれから言いたいことはなんでしょう」という言葉かけに応えられた子は効力感を持つことへと繋がり、気がつかなかった子は、悔しさが湧き、積極的に教師の指導を聞こうとします。

子どもの「積極性」を引き出そう

　この言葉かけは、ある程度指導を続けてきたクラスにおいてさらに効果を発揮します。教師が指導すべきことはある程度決まっています。さまざまな場面で、繰り返し同じようなことを伝えることが大切なのです。ですから、いつも教師の方から伝えるのではなく、もうすでに身に付いている子どもがいる際は、教師が言いたいことを問いかけることで、いつもとは違ったアプローチで指導することができます。

6 ある仕掛けで 話を印象的にしよう

　教師は、子どもに「すべてを理解してほしい」と思ってしまいがちです。しかし「すべてを覚えなさい」と言われると、子どもたちの頭がパンクします。そんな時こそ、このフレーズの出番です。

効果的な言葉かけ

頭の片隅にだけ入れておいて

パンクする〜

これだけなら♪

パカッ

POINT あえて「全部覚えなくて良い」ことを伝えてみる

プレッシャーをほどいて逆に印象に残す

　「頭の片隅にだけ入れておいて」と伝えることで、子どもたちはプレッシャーから解放されます。そして、実は逆に教師の伝えたいことが印象強く残るようになります。子どもの心に残したいこと、響かせたいことがあるときは、あえて「すべてを覚えなくても良い」と伝えることがポイントです。

　心理学に「ブーメラン効果」というものがあります。話者の伝えたい意図とは裏腹に、話せば話すほど、聞き手はかえって、聞く耳を持たない心理効果を表しています。そこで、「今、先生が言ったことをすべて覚える必要はありません。頭の隅に入れておいてください。そして『ああ、先生がこんなことを言っていたな』と少し思い出してほしい」と話してみましょう。このように、「すべて覚えなくていい。ただ、隅っこに入れておいてほしい」と伝えることで、ブーメラン効果が生じなくなり、逆に、印象深い話になります。

その後で大いに褒める

　これで、子どもたちの行動が変わり、クラスが少しずつ良くなります。その際に、「君たちはすごいな。先生は、少しだけ頭の隅に入れておいてと言っただけなのに、覚えている人がたくさんいるね」と褒めることができます。教師が、すべて覚えなくてもよいと伝えているのに、多くの子どもたちは教師の言葉から学んでいるという構図がつくれるのです。そうした子どもたちの姿勢と教師の褒め言葉の相乗効果で、クラスがものすごい勢いで良くなっていきます。いつも使うと効果が薄くなるので、いろいろなバリエーションを用意しておくと良いでしょう。たとえば、「1つだけ覚えておいて」や「3つ覚えておいて」など。学年の終わりに近づいた時は、「これだけは、覚えて進級（卒業）してほしい」なども大変効果的です。場面や時期、数字などを使い、多様な言い回しを考えましょう。

7 このひと言が 「話を聞かない子」に効く

教師の話を聞かない。拒絶する。なかにはそうした子もいます。根本的に解決するために、話をする機会をつくりましょう。まずは、子どもたちの抵抗感を和らげることが大事です。

効果的な言葉かけ

1分だけちょうだい

POINT 小さなお願いで、子どもの緊張感を緩和する

「短時間」が心の抵抗感をなくすカギになる

　話し合いを拒絶する子どもには、「1分だけちょうだい」と言います。すると、多くの子どもたちは、通常よりはるかに聞く耳を持ってくれるでしょう。時間を限定することで、聞こうとしない子どもの気持ちをこちらに向けさせ、関係を結ぶきっかけをつくるのです。

　これは、「フット・イン・ザ・ドア・テクニック」といって、簡単な要求から提示し、徐々に相手が自分の要求を受け入れやすくなる技術です。単に「先生と話しましょう」と言うと、子どもは心を閉ざしてしまうこともあります。教師と話すことは大きな緊張や抵抗感を生む場合があるからです。威圧的な態度で接するなど、もっての他です。

　そこで、「1、2分だけで終わります」などと時間を提示します。1分や2分は短い時間です。教師と話すという抵抗感を軽減させ、子どもも「それくらいなら」と受け入れてくれてくれることが多いでしょう。

　また、教師自身も、短い時間で伝えようと意識することができます。決められた時間をしっかりと守り、教師の愛情を表明し、子どもたちとの信頼関係を結びましょう。

笑顔で接する

　このように時間を決めて話すと、必ず、秒数を数える子がいます。そのようなときも、注意するのではなく「数えていたの？」と笑顔で対応したいです。あくまで、話を聞く機会を設けることが大切だからです。子どもが秒数を数えて、それを教師に伝えるのは、それだけ教師を信頼している証拠でもあります。叱るのは避け、一緒に同じ時間を共有したことを喜びたいものです。その積み重ねが、お互いの信頼感を高めるのです。

8 教師の要求を すんなり伝える

ある程度、学級目標を達成し、充実感のある教室。しかし、教師としてはさらなる高みへ子どもたちをいざないたいものです。子どもの向上心を引き出す言葉かけをしてみましょう。

効果的な言葉かけ

欲張ってもいい？

より高いステージへ

A

次は…

B

POINT 前向きな言葉で指導のレベル感をあげていく！

「頑張ろう」では期待が伝わらない

　頑張った子どもたちに対して「もっと頑張ろう」と鼓舞しても、「まだ頑張らなくてはいけないのか」と、かえって意欲を下げてしまうことがあります。そんなときは「欲張ってもいい？」という言葉を使って、教師の期待や思いを伝え、子どもたちのやる気をアップさせます。

教師の思いに、子どものやる気もアップする

　たとえば、運動会練習後の教室での言葉かけを例にしてみます。まず、「よく姿勢を正して、担当の先生の話を聞きました」と頑張ったことを褒めましょう。子どもたちの中に、充実感と満足感がいっぱいになります。一方で、自分たちで考え行動するという課題があったとします。その際は、間を少し空けて「欲張ってもいい？」と問いかけます。多くの子どもたちは、「はい！」と言ってくれることが多いです。その後で「次の練習では自分たちだけで整列して、次の競技に移動できるとよいです」というように伝えましょう。

　欲張るという言葉の背景には「十分君たちは立派である。しかし、信頼しているからこそ、より高いステージへ行くことを期待している」というメッセージを含んでいます。子どもたちは、そうした教師の温かく、熱い想いを感じ取ることができるでしょう。これは、「暗示効果」といって、はっきりと示すのではなく、間接的に意味を伝えるテクニックです。直接的よりも間接的に伝えることで、子どもたちの心理的な抵抗感を軽減させる効果が期待されます。

　「欲張ってもいい？」と問いかけた時、なかには「いえ、もういいです」と否定的な発言をする子もいるかもしれません。その際は、「『より頑張ってみよう』と多くの人が言っていますが、どうしますか？」と聞いてみます。このようなときこそ、前向きに取り組む大切さを伝えるきっかけにしてみましょう。

忘れられない言葉

あなたは、心のやさしい子です

　低学年の頃、私はとても厄介な子どもでした。今では考えられないですが、言うことを聞かないために、ある先生にジャイアントスイング（両足を持ち、振り回すこと）をされたことがあります。当時の先生には、本当に申し訳ないことをしてしまったと、心から反省しています。

　そんな問題児だった私が、今でも鮮明に覚えている言葉あります。それが「あなたは心のやさしい子だ」という言葉です。

　あるとき、体育でドッジボールの授業がありました。ゲームの中で、私は味方の友だちにボールを何回か渡しました。

　授業が終わる頃、先生は子どもたちみんなを集めて、「阿部くんは、ボールをお友だちに渡していました。本当に心のやさしい子です」と褒めてくれました。

　なんと嬉しかったことか。当時は、仕事の事情で両親が一緒にいませんでした。家庭は貧しく、兄弟もおらず、母は夜遅く帰ってくる。

　そうした寂しい思いをしていた中でもらった、「阿部くんはやさしい子だ」という言葉は、20年以上経った今でも私の心の中に生き続けています。

　教師が子どもに贈る最高のプレゼントは言葉です。言葉は、お金がかかりません。すぐに渡すことができます。そうした手軽なものであるにもかかわらず、言葉はその子の中で生き続けるのです。

　言葉は、なんと素晴らしいものなのでしょう。

第 2 章

子どもの心を温める
「褒める」
言葉かけ

1 後ろ向きな子どもが 前向きになる

　指導したり、叱ったりした後は、どうしても子どもたちが落ち込んでしまうことがあります。子どもの自尊感情を傷つけないために、過去を振り返って励ましてみましょう。

効果的な言葉かけ

4月とはまったく違うね

(4月) before ／ (今) after

POINT これまでの成長を知らせ、前向きにさせる

成長に注目すれば、どんな子でも褒められる

　子どもによっては、叱る場面が多く、なかなかその子の良いところを引き出せないときもあるかもしれません。その際に、その子のこれまでの成長に目を向けます。そうすることで、どんな子も褒めることができるからです。叱った後は、「４月からとても成長してきたね。４月にはうまくできなかったよね。でも、今は本当に立派だね」と褒めましょう。

過去との比較が、子どもたちを励ます

　他者との比較で褒めることは、難しいものです。また、他者と比較するという視点を植え付けかねません。そこで、このように「個人内評価」で褒めましょう。「個人内評価」とは、他人との比較ではなく、過去の自分との成長度合いで比較し、評価するという考え方です。

　４月は、子どもたちが進級したての頃。子どもにとっても、とても印象深い時期です。子どもたちは、そんな過去（学年のはじめ）から自分がどれくらい成長したかを知ってもらいたいと強く思っています。そうした過去の自分との比較を通して、子どもたちを励まし、成長を加速させましょう。

　言葉かけをする際は、教師自身がその子の成長を即座に思い出せなくても大丈夫です。「今、課題だったことがよくなっている」と伝えましょう。子どもたちは、必ず成長しています。その事実が子ども本人にも、励みになるのです。自分では成長がわからないという子には、「先生はわかっているよ」と、あくまで「先生から見て成長している」と伝えます。そうすると子どもは「自分は成長したのだ」と前向きになることができます。ここで「もっと頑張りなさい」と鼓舞するだけだと、子どもたちは自信をなくしてしまいます。

　鼓舞するのではなく、「フォロー」することを意識しましょう。

2 問いかけで 自己肯定感を持たせる

　トラブルを起こしてしまう子どもの中には、「自分はだめなんだ」と自己否定に陥ってしまう子もいるでしょう。教師はそうした子どもたちを励まし、勇気づける存在でありたいものです。

効果的な言葉かけ

10のうち、どれくらい？

POINT 数値化して、肯定的に捉えさせる！

気持ちを数値化することが自覚に繋がる

　たとえば、掃除の時間など、自分の思い通りに進まず、友だちを傷つけるようなことを言ってしまった子がいるとします。

　その子は、今回だけでなく、以前に同じようなことがありました。自己中心的な考えを持つ傾向が強く、どうしてもトラブルが絶えません。こういった場合、同じ指導だけをしていては改善は見込めません。そこで、「怒りマックスが10だとして、10のうち、どれくらいの強さで相手に言ってしまったの？」と聞くのです。

　子どもが「7くらいの強さ」と答えたら、教師は「そうすると、3我慢したんだね」と認めましょう。このように気持ちを数値化することをスケーリングといいます。心という目には見えないものを数値化させることで気持ちを表現し、指導に活かすテクニックです。

肯定的な面に注目させる

　心を数値化すると、子どもはどうしても自分の感情や行動の否定的な面に意識が行きますが、肯定的な面にあえて注目させます。

　スケーリング（数値化）したため、子どもも納得感を持つことができるタイミングです。自分は、すべての怒りを表したわけではなく、自制しながら行動したということがわかると、自信に繋がるでしょう。このスケーリングは、その後にも活用できます。たとえば、再び怒ってしまった子に対しては「以前は7だったけど、今回はどれくらい？」と聞くことができます。ほとんどの場合、6や5といった答えが返ってくると思います。つまり、4、5と我慢した数字が増えていくのです。そうした言葉を聞いたら、教師はその成長を大いに褒め、認めます。もちろん、8、9と怒りを表してしまったと答える子もいます。そうした場合でも、「1や2、我慢したんだね」と褒めましょう。「以前は7だったということを自信にして」と頑張った過去があることを伝えても良いかもしれません。

3 魔法の言葉で どの子も褒める

指導しても、子どもがすぐに変わるとは限りません。ただ、叱ってばかりでなく、常に励まし、勇気づけ、褒める教師でありたいものですよね。日頃からこんな問いかけをしてみるのはどうでしょうか。

効果的な言葉かけ

○○を意識した人？

POINT 心に注目して、必ず褒めよう

気持ちに焦点を当てて、子どもの自己肯定感を高める

　教師が一生懸命指導をしても、子どもたちの行動がすぐには変わらないことがあります。子ども自身もそのことで悩むこともあるかもしれません。

　ただ、子どもたちの「変わろう」とする内面は大きく動いています。できていないけれど、「やろう」と思っている子どもの意識や心に注目することで、子どもをあらゆることで肯定することができるのです。

　たとえば、廊下整列を指導の際に、「しゃべっていたかどうか」という結果にこだわらず、「しゃべらずに、並ぼうと意識した人？」と聞きます。おそらく、気をつけた子がいるでしょう。もしかしたら、「できなかったけれど、意識はした子」もいるかもしれません。

　この言葉かけのポイントは、できなかった子にも「よく意識しましたね」と肯定ができることです。このように周囲の人から肯定され、承認され、自己肯定感が高まると、人は「自分には価値がある」「自分はできる」「もっと高めたい」と思えるようになります。あえて「できたかどうか」という結果ではなく、その時の内面についてを聞けば、必ず褒めることができるのです。

「これから」に期待して褒める

　このとき、意識さえもしなかった子が手を挙げることもあるでしょう。嘘をついたことになるかもしれません。しかし、手を挙げるという行為の時点で、「認められたい」という意欲の表れかもしれません。教師が、「意識したんだね」と認めることで、本人も「これからも、意識しよう」と決意することが多いです。

　今回は、望ましい行動ができなかったとしても、次はきっとできるようになると期待をこめて子どもを肯定していきましょう。

4 感情を伝えて 温かい空間をつくる

教師は、「○○しなさい。○○した方がよい」と言いがちです。でも、それで子どもの行動を改善させることはなかなか難しいです。時には、教師の気持ちを素直に伝えることも大事です。

効果的な言葉かけ

「先生は」 そうなってほしくないなあ

You ✕

あなたの為を思って…

I メッセージ

先生はこう思っているよ

POINT 「私（教師）」を主語にすると、気持ちが伝わる

Ｉメッセージで感情・意見がしっかり伝わる

　教師と子どもが、時に対立してしまう背景には、言葉かけの主語が「あなた（子ども）」になっていることが多くあります。

　たとえば、よく喧嘩する子に対して、「みんなから嫌われたらどうする？」と問いかけても、「私はどう思われてもいいです」と答えが返ってくることがあるでしょう。そこで、教師は「『先生は』そうなってほしくないなあ」と伝えます。「私（教師）」がどう思うかを伝えることで、効果的な指導が可能になります。

　これは「Ｉメッセージ」といって、「私」を主語にして相手の行動を促す言葉です。相手の行動に対して、「私」がどう感じるのかを言葉で表現することにより、相手に気持ちを届けるテクニックの１つです。「私（教師）」の感情や意見は、子どもも否定することができません。

　「一人間として、あなたがみんなから嫌われる姿を見たくない」ということを伝えるのです。その言葉には、「あなたはかけがえのない存在で、そうなってほしくない」というメッセージがあります。

「あなたのために」はNGフレーズ

　子どもに「君を信じていい？」と聞くこともあります。ここでも、「信じなくていいです」と言う子がいます。その際も、「先生は、君のことをどうしても信じてしまう。君がいやだと思っても、今までの君の行動を見ていたら、先生は信じてしまう」と語りかけてみましょう。子どもが拒否しようが、「私（教師）」の感情が「あなた（子ども）」を信頼してしまう。これは誰にも止められないというような含みを持たせて、信頼を伝えます。こういった指導場面では、つい「あなたのためを思って言っているんだよ」と言いたくなりますが、「あなた」を主語にすると、途端に恩着せがましい雰囲気が出てしまいます。

　あくまで「Ｉメッセージ」を大事にしてみましょう。

5 どんな子も躍動する 学級をつくろう

　学級経営において、望ましい姿をする子だけを褒めるだけでは、もったいないです。そうした姿を他の子にも広め、クラス全体がよりよい姿になるように働きかけたいところです。

効果的な言葉かけ

お手本にしましょう

POINT 具体的な目標を示し、学級を温かいものに！

本人も周りの子どもも意欲が湧く言葉

　学習場面などで、必ずと言っていいほど姿勢が素晴らしい子がいます。そうしたときは、「AさんとBさんを見てみましょう。お手本にしてみましょう」と他の子にも指導をします。どのような姿勢が正しいかを示すことができます。

　これは「モデリング」といって、ある人やものを見本にして同じような動作をしたり言葉を発したりすることです。「お手本にしましょう」というのは褒め言葉です。褒められた子どもは自分を誇らしく感じ、意欲が湧くでしょう。周りの子も仲間が褒められている姿を見て、「自分も頑張ろう」と思うことができます。

　この言葉かけは、お手本になる行動をした子の周りの子どもたちに、優れた子に目を向けさせ、より望ましい姿は何かを伝えるためのものです。クラス全体をよりよいものにしていくことができるのです。

完璧でない子にも注目させる?!

　状況によっては嫉妬などの感情を生みやすい言葉かけです。みんなの注目を浴びたくないという子もいるかもしれません。そうしたことを避けるために、複数の子どもを褒めるようにしましょう。そうすることで、完全ではないですが、本人の恥じらいや他の子からの嫉妬などを緩和することができます。「この列がとっても素晴らしい」や「窓側がとってもいいですね」など、集団や班ごとに褒めることも有効です。

　さらに、あえて決して完璧ではない子を褒めることも1つの方法です。教師が、「Aさんをお手本としましょう」と、その子に視線を集めると、あまり良い姿ではなかったAさんも、素晴らしい姿勢や態度にしようとすることがあるからです。お手本としての役割を果たそうとするのです。

6 クスッとさせて やる気をあげる

「すごい」「素晴らしい」という言葉を子どもたちに伝えることは大変素晴らしいことです。しかし、同じような言葉では子どもたちにとって新鮮味がなく、飽きてしまうかもしれません。

効果的な言葉かけ

君たちは卒業です

POINT 意外な言葉でグッとやる気を上げさせる

意外な言葉で、笑いと共に褒めてみる

　「素晴らしい。君たちは卒業です。明日から中学校へ行ってらっしゃい」。この言葉かけでは、ただ褒める言葉を伝えるのではなく、「中学校」など具体的な固有名詞を使い、子どもたちのやる気をアップさせます。

　たとえば、高学年に課題文を書かせたときに、一生懸命書く子とダラダラと書く子がいます。このときは、ぜひ頑張って書いている子を褒めたいものです。課題を書き終わった時に、子どもたちの様子を見てみましょう。一生懸命書いた子は、こちらを見て姿勢を正していることでしょう。そんな時に、この言葉かけを使うのです。

　課題を書き終わったことだけで、卒業できることに子どもたちはびっくりします。そして、そんなことはありえないので、クスッと笑いが起き、クラス全体が明るい雰囲気になるでしょう。

　心理学に「目標設定の効果」というものがあります。明確で具体性を持った目標は、曖昧な目標よりも高いモチベーション（動機づけ）効果を持つという考え方です。小学校を卒業するという言葉は誰もが知っていますし、目標にしています。「卒業」という響きには特別なものがあります。このことから子どもたちに対して「卒業するくらいとっても素晴らしい」と感じている教師の思いを伝えることができます。

「すごい」表現に子どものやる気もアップ！

　「卒業」以外の言葉を使うのであれば、「○年生レベル（実際の学年よりも上の学年）」や「総理大臣レベル」「大統領レベル」などが挙げられます。子どもにとってわかりやすい「目標」を持ってくることで笑いも生まれ、がぜん頑張ろうとする子が増えます。

7 問題行動をする子が激変する

　よく問題行動を起こす子どもがいます。問題が起こるたびに、呼び出され、より反抗的になったり、心を閉ざしてしてしまったりする子もいます。そんなときは、この言葉の出番です。

効果的な言葉かけ

今日は喧嘩した？

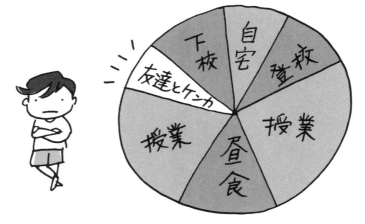

どんな子どもも、問題行動を起こしていない時間の方が長い！

POINT 温かく接することが大切

「問題を起こしていない時間」に気付かせる

　この言葉かけは、絶大な効果を発揮します。どんな問題行動をしている子も、改善し、むしろ自信を取り戻し、飛躍的に向上します。

　何気ない瞬間に、問題行動を起こす子どもに対して「今日は喧嘩した？」と言葉をかけてください。きっと子どもは、「していません」と言います。教師は、すかさず「すごいじゃん」と褒めましょう。

　また、廊下などで一緒に移動している時に、「喧嘩した？」と聞きます。子どもは「してませんよ」とブスッと怒るかもしれません。そんな時も「喧嘩しなくなったね〜、素晴らしいね。成長したね」と笑顔で褒めます。たまに、「喧嘩しました」と言ってくる時がありますが、「そっか。残念。話し合う？」と聞き返してみましょう。「いや、大丈夫です」と答える子どもがほとんどです。

　このような問いかけで、「喧嘩していない時間」の方が、圧倒的に長いことを子どもたちが実感することができるでしょう。その子がもっている寛容性に気付かせるのです。これは「リソース」といって子どもがもともと持っている力です。どんなに手がかかる子も、1日中、問題行動を起こしているわけではありません。1日のうちに必ず、なんの問題もなく過ごす時間があります。そうした素晴らしい姿（時間）に目を向けさせましょう。

笑顔が親密な雰囲気をつくる

　常に笑顔で軽く、簡潔に、いろいろな場面でこまめに声をかけることがポイントです。大切なことは、教師との親密な関係を築くことです。喧嘩するたびに、「また喧嘩したのか」と叱るばかりでは、教師も疲れてしまいます。時には、こうした変化球も投げてみましょう。

言葉は生き続ける

その後の人生を明るく照らす言葉

　私は、ある講演会で聞いた松下幸之助氏（現パナソニックの創設者）の逸話が好きです。

　ある時、社長である松下幸之助氏は自分の工場の視察に行きます。その工場では電球を作っていました。視察の際も、ある作業員が電球を磨き、ダンボールに入れていました。

　松下氏はその様子を見て、「どのような思いでダンボールに入れているのか？」と聞きました。「どのような思いって……」作業員は、返答に困ってしまいました。考えたこともなかったことですから。

　松下氏は続けます。「私たちのように、電球を作る側からすれば、電球の完成がゴールかもしれない。しかし、この電球は、お客さんに渡る。つまり、お客さんにとってこの電球は、スタートになる。電球がお客さんである人々の暗闇を照らすことになる。だから、もっと大切に扱うことが大切だ」と言ったそうです。

　この逸話と言葉かけには通じるものがあると思います。その場しのぎで言葉を発する危険性を諭しているように感じるからです。

　しかし裏を返せば、素晴らしい言葉はその子の中に生き続けます。言葉がその子の人生を明るく照らすのです。発した後のことを考え、私たちは、勇気を引き出す言葉、元気を取り戻す言葉、人生を力強く歩める言葉を模索したいものです。

第 3 章

子どもの心に響く
「叱る」
言葉かけ

1 叱る前に、改善する チャンスを与える

　教師としては叱る回数は減らしたいですよね。そのためには、すぐに叱るのではなく、子どもに「それ以上、その行動を続けたら叱る」と予告することが大切です。

効果的な言葉かけ

先生が笑っているうちに直そう

POINT 事前に予告することで、子どもが傷つかない！

すぐに叱るのではなく、猶予を与える

　教師が大きく叱ることなく、子どもの行動を咎める言葉かけを紹介します。

　たとえば、授業中に私語をしている子どもがいます。私語は、他の子に迷惑になる行為なので、必ず指導します。しかし、指導しても何度も繰り返し私語を行う子がいるケースがあります。

　そこで「先生が笑っているうちに直そう」と伝えましょう。心理学に「予測可能性」というものがあり、子どもに予め知らせることで、指導からのストレスを緩和させる効果が期待されます。また、「直さなければいけない」という心理が働き、私語を、注意することなく止めさせることができます。

　共に1年間、一緒に過ごす子どもたち。指導はとても大切ですが、すぐに叱ることは避けたいものです。事前に伝えることで、子どもの心を傷つけることなく、行動の改善を促していきましょう。

年度はじめに伝えておくと、納得感が生まれる

　4月の頃に、学校とはどのようなものであり、叱る基準が何かを伝えると良いでしょう。たとえば、「相手を傷つける言動は許さない」ことや、何度も同じような問題行動をしたら、「先生は叱る」ということを予め伝えておきます。また、「学校とは賢くなる場所であり、仲間を大切にする場所である」ことを教えるのも大事です。

　1年間という長い期間における教師の指導の基準を、明確に伝えることで、子どもも「あの時、先生は叱ると言っていたな。だから、何度も同じような間違いをしては指導される」と納得感を持って理解することができます。学校では指導はつきものです。しかし、同じ指導にしても、ちょっとした工夫によって子どもたちの心理的な負担を軽減できることを忘れないでいたいものです。

2 自分のことしか考えて いないクラスを改める

　子どもたちには、より周りを見て、行動するようになってほしいですね。子どもたち同士で助け合うクラスにするためには、周りを見られるように促す言葉かけをしてみましょう。

効果的な言葉かけ

アンテナを高くしましょう

POINT 特に高学年は「周りを見る力」を伸ばすことが大切！

アンテナとは「周りを見る力」のこと

　低・中学年は、自分の身の回りのことを中心に生活していますが、その視点をより広く持たせる働きかけが必要になります。それができないと、高学年であっても自分のことを中心に考える学級になってしまうからです。そのような状態にならないためにも、やみくもに指導をするのではなく、子どもたち誰もが持っている「アンテナ」、つまり周りを見る力に目を向けさせましょう。

学級全体で助け合える関係性に

　たとえば、学校を休んでいる子がいました。休んでいるので、プリントが机の上に置かれていきます。プリントや配付物が散乱している状態になってしまいます。これは、周りの子がクラス全体を見られていない証拠です。そんなときは、「休んでいる人の机を見てごらん」と机の様子を見るように促しましょう。そして「アンテナが低い」と、学級全体の「周りを見る力」が落ちていることを伝えます。続けて、「アンテナが低いクラスは、自分のことしか見えていません。一方で、アンテナが高くなると、周囲に広く気を配ることができるようになります。アンテナを高くしましょう」と気付かせることができます。

　心理学に「目標設定の効果」があります。子どもは向上心が高く、自身の成長を強く望んでいます。しかし、ただ「周りを見なさい」と言われたところで、具体的な目標を設定することができません。その結果、子どもたちも緊迫感が持てず、するべきことができなくなってしまいます。でも、アンテナという誰もがわかるような具体的なものを設定し説明することで、目標に向かおうという心理が生まれます。アンテナが低いと言われれば高くしたくなるように働きかけ、子どもの向上心を高めていきましょう。

3 客観的なものの見方・考え方を育てる

　子どもたちは基本的に「現在」に集中しています。しかし、それが自己中心的な行動に表れ、悪い面として出てきてしまうことがあります。そこで必要なのが、社会性を育む指導です。

効果的な言葉かけ

他の人が見たら、どう思うかな

POINT 第三者の視点を持たせると、子どもの行動が変わる！

社会性が協調性・共感性を育てる

　クラスが荒れたり、落ち着きがなくなる大きな要因に、子どもたちの自己中心的な考えがあります。裏を返せば、他者との関係に目を向けさせることで、クラスが落ち着き、子どもたちの心を成長させることができます。

　廊下を走る、私語をする、時間を守らない。そんな行動をする子には直接的に指導するのではなく、「他の人が見たら、どう思うかな」と言葉をかけてみましょう。

　これは「社会性」を引き出すものです。「社会性」とは、社会生活を営む素質・能力であり、協調性、共感性のことを指します。自己という狭い視点で物事を捉えさせるのでなく、他者との関係に目を向けさせることが大切です。子どもの中で「社会性」の視点がまだ充分にないときは、「その行動が、立派だと思うか、そうではないか」の選択肢を持たせると話が伝わりやすくなるでしょう。

第三者の視点にハッとさせる

　「走ってはいけない」「時間を守りなさい」といった指導には、なかなか聞く耳を持たない子どもでも、第三者の視点を教えることで、ハッと気が付くときが来ます。これは一朝一夕で育つものではありません。1年間繰り返し指導することで、徐々にできるようになります。

　また、後ろ向きなことだけではなく、「『○○さんの廊下歩行やあいさつがとっても立派だった』とA先生が言っていましたよ」と子どもたちに伝えましょう。自己中心的なものの見方をコツコツと変えていくことが大切です。ただ、他人の目ばかりを気にするような子どもに育ってほしくはありません。自分の思いをしっかりと持ちながら、他者（社会）との関わり方を学ぶように言葉をかけていきます。

4 「次こそはやってやるぞ」と思わせる

「押してだめなら引いてみな」という言葉があります。教師は「○○しなさい」と言いがちですが、時には、いつもとは違うアプローチをしてみましょう。

効果的な言葉かけ

本当にできるかな

POINT 気持ちを素直に伝え、フォローの言葉もセットにする

あえて突き放して、やる気を引き出す

　いくら言っても行動が改善されない子がいます。

　指導をした後、いつものごとく「次こそはしっかりとやります」と言ってきたとします。それに対して「わかりました。次から気をつけようね」で済ましてしまうと、また、同じことを繰り返してしまうかもしれません。そこで、「本当にできるかな」と言葉をかけます。

　心理学には、「心理的リアクタンス」という言葉があります。「○○しなさい」と言われたらしたくなくなったり、「○○できない」と断言されれば、逆にしてやろうと思ったりする、心理効果のことです。

　子どもたちは多くの場合、「しっかりしなさい」や「やってはだめです」などと言われてきています。ここでは、あえて「本当にできるかな」と突き放すように疑問を投げかけます。

　いつもとは少し違うアプローチをしてみるのです。角度を変えることで、子どもたちを奮い立たせ、劇的に変化をもたらすことができます。

教師の気持ちを率直に伝える

　「できるかな」という言葉は冷たい印象を持たれかねません。そこで教師は「先生は君が言ってくれた『もうしません』という言葉を心から信じたいです。しかし、これまで改善されてこなかった。だから、100％、信じることができない。その先生（私）の気持ちはわかるかな」と打ち明けましょう。つまり、あなたを信じたいけれど、少し迷ってしまうという教師の素直な気持ちを知らせます。

　子ども自身、相手に悪気はないけれど、自分が裏切られたら信じられない気持ちになることは、経験しています。教師の信じたいという気持ちを話し、それが本当にできるかという疑問を持った背景を共有しながら、教師と子どもは敵対するものではないことを併せて教えていきます。

5 クラス全員で 目標を達成させる

指導しても、なんだか子どもたちが納得しない。またはどんよりとした空気になっている。そんなときは目標の達成期限を一緒に考えて、子どもたちのモチベーションをあげましょう。

効果的な言葉かけ

いつまでにできそうですか？

POINT 現実的な期間を目標に設定して見守ろう

期限を決めると、学級全体にやる気が生まれる

　前項で、「本当にできるかな」という言葉かけを紹介しました。

　この「本当にできるかな」という問いかけに対して、多くの子どもたちは、「できる」と答えます。

　そこで教師が、「わかりました」と答えては、また、子どもたちが同じようなことをしてしまう可能性もあります。

　その代わり、「いつまでにできそうですか？」と尋ねましょう。1週間や2週間という言葉が返ってきた場合、「では、この1週間、ぜひ頑張ってみましょう。先生も意識して取り組んでみます」と伝えます。

　これは「目標設定の効果」といい、期間を限定し、子どもたちのやる気をアップさせることをねらっています。1週間という短い期間、教師と子どもたちの間に統一の目標が生まれます。自ずと、指導する際にも必然性が生まれたり、子どもたちにも指導への納得感を持たせたりすることができます。

教師が見取れるほどよい期間とは？

　「いつまでがいいですか？」と聞くと、子どもたちからは「今すぐ」や「明日」などという言葉が返ってくる時があります。そんな時は、「そんなに早くは難しいんじゃないかな」と確かめましょう。

　人はすぐには変わりません。子どもたちの変化を少し長いスパンで捉えていくことが大切です。だからといって、数ヶ月や1学期間などではあまりにも長過ぎます。おおよそ1〜2週間程度にします。あまりにも長い期間にすると、子どもの緊張感が続きません。教師も長期間注意して見るのは難しいです。見取れる期間にしましょう。

　そして、子どもが1週間、頑張ったら、褒めたり励ましたりして、温かい言葉をかけます。モチベーションをあげることで指導が次から次へと活きるようになります。

6 「私たち変わらなきゃ」と気付かせる

　子どもに2つの選択肢を示し、どちらがよいか、客観的に望ましい方を選択させることで、精神的な成長を促すことができます。子どもの納得も得られる問いかけです。

効果的な言葉かけ

どっちにする？

POINT 「自分で選ぶ」ことで子どもの理解もスムーズになる

選択肢をつくると、途端にわかりやすい質問になる

　たとえば、生徒指導をする際に、「相手の気持ちを考え、行動する人と、自分のことばかりを優先する人と、どちらが望ましいですか？」と２つの姿を提示し選ぶように質問します。

　単に、「これからどうすべきですか？」と投げかけるよりも、選択肢を設けることで、子どもにより良い行動のきっかけを明確に示すことができます。

　これは、クローズド・クエスチョンといい、ＡかＢか、「はい」か「いいえ」かを選ばせるような質問技術です。ただ、「どうしたらよい？」と広く聞くオープン・クエスチョンに対してこのクローズド・クエスチョンは事実や意見を明確に引き出したいときに効果を発揮します。

　この質問は、子どもたちが答えを選ぶ形になります。つまり、自己決定の機会をつくり出すことができるのです。選べたことに対しても、子どもたちを褒めたり、認めたりすることができるようになるでしょう。

オープン・クエスチョンからクローズド・クエスチョンへ

　最初からクローズド・クエスチョンだと、どうしても誘導的な言葉かけになります。そうではなく、もっと子どもたちの意見を大切にしたり、自己決定をさせたりしたいときは、両者を組み合わせることが大変有効です。

　たとえば、「どうするべきなんだろう」と広く投げかけます（オープン・クエスチョン）。そして、「どれがよいだろうか」と出てきたいくつかの意見から、決定させます（クローズド・クエスチョン）。

　このように、子どもたち自身から選択肢を広く集め、選ばせるという過程によって、円滑に話し合いや対話をすることができ、全員が納得する指導になります。

7 クラス全体に向上心を持たせる

子どもたちを高めるような指導をしているのに、心に響いていないような感じがするときもあります。「普通」であることを刺激して、向上心が伸びるように働きかけてみましょう。

効果的な言葉かけ

小学校の教室では
よくあることですね

そのままでよいですか？

変わりたい!

直したい!

「よくいる」小学生

POINT 子どもの競争心を刺激して、課題を乗り越える！

競争心を刺激するひと言を

　教師の言葉が、子どもたちの心に響いていない要因としては、なんとなく聞いているからか、いつものように指導されただけだと思って聞き逃しているからかもしれません。時には、子どもたちの競争心を刺激してみましょう。

　授業が始まっても、いつまでもおしゃべりをしている子どもたち。整列ができない状況。こうしたことは看過できません。しかし、頭ごなしに指導しても意味がありません。そういう時こそ、「小学校の教室ではよくあることですね」と言ってみましょう。

　まずは、課題点をしっかりと指摘します。「授業のチャイムがなっているにも関わらずおしゃべりをすることはよくありません」。指摘した後、「しかし、安心してください。○年生にはよくあることです。何もあなたたちだけではありません。まさに小学生にはよくある風景です」と伝えます。続けて「では、そのままでよいですか？」と確認しましょう。

　つまり、幼いままでよいかを尋ねるのです。多くの子どもたちから「いいえ、直したいです」という返答が返ってくるはずです。

「一目置かれたい気持ち」が子どもを向上させる

　人間には、集団から抜きん出て見られたい、一目置かれたいという欲求があります。「承認欲求」といわれるものです。子どもたちにとって、「よくある普通なもの」ほど、面白くないものはありません。

　この心の動きを利用して、決まりを守れない子どもたちに、「普通であることを避けたい」という心理を持たせ、より向上させるように働きかけていきます。

　最後は、子どもたちが前向きになるように、しっかりと働きかけることが重要。「きっと君たちなら変われる」。このように励ましたいものです。

8 クラス全体を巻き込んで、成長させよう

　子どもたちの多くは、「面倒くさいことは、面倒くさい」「嫌なものは嫌だ」と言います。これは、子どもが持っている純粋さからくる反射的なものの見方・考え方を表しています。

ポジティブスイッチを入れよう

POINT 考え方の転換を提案すると、心が成長する！

成長のきっかけは、「嫌だ」と思う出来事

　教師として「めんどくさい」と感じるからといって避けたり、ぐち
を言う人間になってほしくはありません。心が成長するということ
は、そうした自分が嫌だと感じる状況でも、ポジティブな意味を見出
し、踏ん張ることです。教室にめんどくさいという言葉が出てきたら
次のように言葉をかけます。

　「面倒なことを、ただ面倒だと感じ、いろいろなことを避ける人と、
面倒なことでもポジティブスイッチを入れて、前向きに頑張れる人が
います。どちらになりたいですか？」と問いかけます。多くの人が、
「ポジティブスイッチを入れる人だ」と答えます。そこで、「山登りで
山の半分まで登って、『あと半分もあるなんて大変だな……』と思っ
て立ち止まっていては、頂上のすごい景色を見ることはできません。
『もう半分も登った！』とポジティブスイッチを入れると、残りの半
分の道も頑張って登れると思います。嫌だと思う環境でも、考え方を
変えてみると、自分を成長させてくれるのです。常にポジティブス
イッチを入れて考えてみましょう」と語りかけましょう。

見方を変えると、逆境でも乗り越えられる学級に

　これは「リフレーミング」といい、見方・考え方を変える技術で
す。「ポジティブスイッチを入れよう」をキーワードにしながら、さ
まざまな教育活動に取り組むことで、逆境といわれる状況でも強く、
そしてしなやかに生きる学級になっていきます。

　子どもたちも、教師から何でもかんでも「頑張れ」と言われるよ
り、「ポジティブスイッチを入れよう」と、ゲーム感覚で考え方の転
換を提案される方が、新鮮な気持ちで取り組むことができます。

　とはいえ、大人でも心のどこかで「嫌だなあ」と感じるとき、後ろ
向きな言葉を言ってしまいますよね。ですから、子どもが見方を変え
て頑張っているときには、共感しながら、励ますことが大切です。

子どもを動かす言葉かけ

効果的な指導のときこそ、愛情を持って接する

　言葉かけには様々なタイプがあります。

　そのうちの一つが、子供を効果的に動かす言葉かけ。たとえば、「他の人が見たら、どう思うかな？」という言葉があります。これによって、子どもは自己中心の視点から、他者に目も向けるようになります。

　ただ、子どもを思いのまま動かそうという意図のみでこの言葉を発することは危険です。そうした思いだけでは、子どもが他者の視線ばかりを気にするようになってしまいます。

　そうではなく、他者の視点を得て、自分を含めてみんなが気持ち良くなるための行動は何なのかを考えさせることが大切です。

　たとえば、「廊下を走ったら、他の人から良くないと思われるからちゃんと歩こう」という後ろ向きな意識ではなく、「素晴らしい歩き方をすることで、他の人も真似するようになる」と前向きに考えるように働きかけたいです。

　言葉はあくまで手段です。本書で語っている言葉によって、子どもたちは効率よく「動く」ことができるでしょう。しかし、その裏側に教師の愛情がなければ、ときに子どもたちを傷つけてしまうことがあります。

　ですから、言葉は大変注意が必要です。注意をしつつ、ぜひ、子どもたちの健やかな成長と豊かな人生のために言葉を使ってほしいと思います。

第 **4** 章

子どもを変える
「トラブル」
時の言葉かけ

1 トラブルの事実を効果的に引き出す

　何かトラブルが起きた際、事実確認のために教師は「○○しましたか？」と聞くことがあります。しかし、これでは子どもが萎縮してしまいます。子どもが安心して話せるような言葉かけをしましょう。

効果的な言葉かけ

やってしまいましたか？

POINT 子どもに共感を示して、温かい指導を意識しよう

共感を含んだ言葉で、子どもに心を開いてもらう

　たとえば、ある子どもから「Bくんに○○されて、嫌だった。困った」と相談されたとします。教師は、該当する両者を呼んで事実確認をします。被害を受けた子から事実を改めて聞き出した後、多くの場合、Bくんに「○○しましたか？」と確認すると思いますが「やってしまいましたか？」という言い方を使うこともできます。

　この「やってしまいましたか？」というのは「つい、やってしまったんだね」と、子どもに寄り添う共感の気持ちを含んでいます。

教師の思いやりが子どもを安心させる！

　心理学に「共感的理解」というものがあります。「相手の立場に立って、相手のことを理解しようとする態度」のことをいいます。

　「やってしまいましたか」という言葉から「子どもだから失敗があるでしょう。良くないこととわかっていても、つい行ってしまうことがあるでしょう」という教師の共感的理解を子どもが感じることができます。

　やってしまったことを、正直に述べることは、大変勇気のいることです。ですから、教師の思いやりや理解を感じさせ、安心感を持たせることが大切です。さらに、「正直に言えてとっても素晴らしい」と、「素直に言ったこと自体」をしっかりと褒めることもポイント。こうした少しの工夫で、本来詰問するような事実確認の場面が、温かいものになります。また、事実を子どもから効果的に引き出すこともできるので、問題解決が円滑に進みます。もちろん、問題の程度によって、理解を示すことができない場面があります。そのような場合でも、問題行動を起こした子の背景に思いを巡らせ、指導していきたいものです。

2 言い分を認め、素早く解決する

　トラブル対処では、素早く終わらせようと、どうしても一方的な指導になりがちです。しかし、時間がない中でも、子どもに納得感を与える言葉をかけることで、問題を効率よく解決することができます。

効果的な言葉かけ

どうして、そうしてしまったの？

そうだったんだね

うんうん

ちゃんと聞いてくれた

認めてくれた

承く認欲求を満たされて心を開く

POINT 「先生、わかってくれた！」が子どもの心を開く

承認欲求を満たすことで、問題を素早く解決

　子どもたち同士のトラブルの事実確認が終わったら、「どうして、そうしてしまったの？」と理由を聞きます。すると問題を起こした側の子どもが「以前、相手に意地悪を言われたから」「相手に嫌なことをされたから」と話し始めるでしょう。行動には必ず原因や背景があるのです。

　人間は「自分を理解してほしい。認めてほしい」という心理を持っています。自分を理解してくれない教師に心を開き、事実を言う子はいません。まずは、子どもの話をよく聞き、承認欲求を満たして、問題点を明らかにさせます。トラブル対処でもっとも大切なことは、両方の子どもの納得感や承認感です。その納得感や承認感を引き出す大きな要素が、子どもたちの「言い分を聞く」ということです。この「言い分をじっくりと聞く」ことによる、もう一つの効果については次項で詳しくお伝えします。

話を円滑に進めるひと言

　言い分を聞くと、たくさんのことを理由として挙げる子がいます。今のことだけでなく、過去のことを引き出してきたり、まだ起きていない未来の不安について述べたりする子もいます。

　論点がずれると、話し合いはいつまで経っても進みません。そういうときは、「一番気になっていることは何？」と聞いてみましょう。もっとも伝えたいことを引き出しながら、その子の承認欲求を満たすことが可能になります。もちろん、それでもなお、言いたいことがあるならば聞くという姿勢を大切にしたいです。しかし、ほとんどの場合、子どもは一つのことを言えば、「自分が一番理解してほしかったことを、先生に聞いてもらえた」という心理になり、承認感を持ってくれます。

3 子どもが、自ら反省するように促す

トラブル時には、「何が悪かったのか」を教師から伝えたくなりますが、大切なことだからこそ、子どもから引き出して気づかせることが肝心です。

効果的な言葉かけ

ちょっとでも「悪かったな」と思い当たることがあるよね？

POINT 子どもにとって答えやすい質問でハードルを下げる！

子どもの聞く力、行動する力を育てる!
指示の技術

■土居 正博[著]　定価2,090円（税込）

良い指示の例と悪い指示の例が○×イラストでよくわかる!
「指示の基本」と「指示を通して子どもを自立させる方法」まで
くわしく解説。

「けてぶれ」
宿題革命!

■葛原 祥太[著]　定価1,980円（税込）

大反響!「先生、勉強が面白くなった!」という声続出!
宿題で子ども自身が自分の学びのPDCAを回していく
「けてぶれ学習法」!

生産性を爆上げ!
さる先生の「全部ギガでやろう!」

■坂本 良晶[著]　定価1,980円（税込）

5時に帰れて、子どもの学びの生産性が爆上がりする、GIGA時代の教師の仕事術!

子どもがどんどん自立する!
1年生のクラスのつくりかた

■樋口 万太郎[著]　定価1,980円（税込）

1年生が自分で問題解決をはじめ、タブレットもがんがん使うようになる指導とは!

子どもと心でつながる教師の対話力

■渡辺 道治[著]　定価1,980円（税込）

子どもと教師の「ちょうどいい距離感」を築くカギは、教師の対話力にあり!

新年度ここで差がつく！
教師1年目の
スタートアップ

■髙橋 朋彦[著]　定価1,980円（税込）

写真や画像つきで教師の仕事、学級づくり、授業づくりのポイントをわかりやすく紹介！とりわけ新年度の仕事について詳しく伝える、初任者必携の1冊！

新卒時代を乗り切る！
教師1年目の教科書

■野中 信行[著]　定価1,760円（税込）

「仕事のやり方」「新年度・新学期の準備」など、教師の基本的な仕事内容とそのコツを紹介！これから教師になる人、教師1年目の人、初任者指導の人にオススメ！

マンガでわかる！
はじめての担任 お仕事BOOK

■こちゃ[著]・野中 信行[監修]　定価1,870円（税込）

新任1年目なのに、
学級担任が驚くほどうまくいく本。

■中嶋 郁雄[著]　定価1,760円（税込）

若い教師のための
1年生が絶対こっちを向く指導！

■俵原 正仁・原坂 一郎[著]　定価1,980円（税込）

子どもたち同士が理解し合える環境をつくろう

　トラブルを解決する最中には、子どもたちの言い分を聞き合うことでお互いのよくなかったところがおのおの明らかになるでしょう。つまり、自分がしてしまった行為と、その行為に対して、相手が感じたことが両者共に明確になります。実は、言い分を言い合うという行為には、問題点を相互に理解させるというもう一つの目的があるのです。

「小さなお願い」が心理的なハードルを下げる！

　お互いの課題点が明確になったところで、「ちょっとでも『悪かったな』と思い当たることがあるよね？　わかるかな？」と聞いてみましょう。

　ここでのポイントは、「何が悪かったか、自分で言ってごらん」と促すことではありません。「何が悪かったか、言ってごらん」には、2つの行為が含まれています。「①何が悪いかがわかる」と「②勇気を出して言う」という2つです。悪い点を言わせたくなるものですが、2つのことを一度に求めることは、子どもにとって大きなハードルになります。

　まず、ステップ1として「悪かったことに思い当たりがあるか」を尋ねて、子どもの心理的なハードルを下げることが大事です。

　さらに「ちょっとでも」「少しでも」と表現し、子どもが言いやすい状況にします。これは「イーブン・ア・ペニー・テクニック」という、小さなお願いで相手を動かし、承諾してもらうテクニックを使っています。自分の悪かったところを言う行為は、子どもたちにとってハードルが高いことです。そこで、このようにハードルを少しでも下げるような工夫が大事です。「わかった」と言えた子のことは、大いに褒めましょう。

4 トラブル時こそ 褒めて認める

　トラブル対処で事実確認をする場面は、子どもにとって辛く、苦しいものです。自分の行いを振り返り、反省しなければならないからです。そうした場面では教師が褒め、認めることが大切です。

効果的な言葉かけ

自分から気づけたのですね。 素晴らしい

POINT 最後は褒め言葉で、叱る場面に良いギャップを生む

褒めるところは、すかさず褒めよう

　前項までの指導で一貫していることは、子どもの言葉や気持ちを「引き出す」ということです。

　「やってしまった」かどうかを子どもから引き出し、言い分を引き出し、悪かったことを認める気持ちを引き出しました。

　その都度、「自分から気づけたのですね。素晴らしい」と褒めることができます。

　そうした温かい雰囲気の中で指導を行うと、教師が求めるまでもなく自分から謝る子が出てきます。子どもたちにとって、本来は「自分から謝る」のは難しいことですが、教師の受容的態度が子どもたちの心を動かすのです。教師は子どもたちのその勇気を認め、「素晴らしい」と褒めたいものです。

あえて厳しい状況で温かい空間をつくる

　心理学に「獲得効果」というものがあります。最初に受けた印象よりも、後から受けた印象の方が強く残るという現象のことをいいます。もともと子どもたちの中では、「先生に事実確認をされること」には嫌な印象があります。ところが、その事実確認という段階で褒められたという体験は、子どもたちに大きく影響を与えます。「悪いことをしてしまったが、叱られるだけでなく、自分のことも認めてもらえた、褒めてもらえた」と、良いギャップが残るのです。この言葉かけで、指導全体が温かいものになることでしょう。

　また、子どもが自分から謝罪の言葉が出せないときは「悪いと思ったらどうする？」と、子どもの背中を押してあげます。

　このときも、「謝りましょう」と指導するのではなく、「どうするか」を聞くようにします。自ら謝るというきっかけを与えることで、子どもたちの自主性を育てるのです。こうしたチャンスで、自ら謝ることができる子どもたちが育ちます。

5 叱らずに子どもを 指導するには

どんなに指導を工夫しても、反抗的な態度でいる子がいます。そうした場合は、教師1人だけで対応しようと思わず、学級全体の問題として取り扱うことが大切です。

効果的な言葉かけ

皆さん、どう思いますか？

POINT 仲間とのつながりを意識させると、子どもの心に響く

仲間とのつながりを意識する中学年以降に有効！

　たとえば、周囲の子を叩いたり、きつい言葉を浴びせたりするAくんがいるとします。何度注意を繰り返しても、止めようとしません。そこで、教室で全員がいる中で、「Aくん、席を立ちなさい」とその場で立たせます。続けて、クラス全員に「Aくんの方を見ましょう」と伝え、全員がAくんの方を向くまで待ちます。「Aくん、自分が何をしたか話してごらんなさい」と指示すると、子どもは「○○くんを押したり、叩いたりしました」と言うでしょう。答えが返ってきたところで、クラス全員に「皆さん、どう思いますか？」と尋ねると、「良くない」「やられた人は困る」などの意見が出てきます。

　心理学に「ギャングエイジ」という言葉があります。中学年から高学年にかけて、仲間とのつながりを重視する集団心理のことです。何度も同じ問題行動を繰り返す子どもには、「どうせ先生に叱られるだけ」と安易に行動を起こす背景があると考えられます。つまり、教師 対 自分（子ども）という構図です。そこには、緊張感や危機感がありません。しかし、問題行動は他の多くの子の迷惑になっています。そこで、教師からの指導ではなく、教室のみんなからの意見を求めます。すると、「教師 対 子ども１人」という関係ではなく、「子ども 対 教師＋クラス」という構図になります。子どもが、仲間とのつながりを意識しているからこそ、この言葉かけで危機感や集団での協調性の大切さを認識させることができるのです。

子どもを決して孤立させないために

　ただ、この指導はかなり強いものです。その子どもが孤立しないように、指導の後はその子（Aくん）のみならず他の子どもたちにも「教師の期待」を伝えるようにします。その子とクラスメイトの関係性が壊れないようにする働きかけが、とても必要です。

6 「行動宣言」が 問題行動を止めさせる

問題行動を起こした子には、「行動宣言」をするように促すと、行動の変化が期待できます。周囲の子どもにもその子を応援するよう、言葉かけをすることで、学級がより良い雰囲気になるでしょう。

効果的な言葉かけ

どうするべきか、約束してごらん

POINT 子どもの行動宣言は、クラス全体で応援しよう！

「行動宣言」をさせると、目標が達成しやすくなる！

　周囲に大きな影響を及ぼす問題行動の場合、しっかりと改善を求める必要があります。その際には、ただ単に、「謝りなさい」と言うのではなく、クラスメイトと約束を結ばせることで行動が変わっていくことをねらいます。まず、問題を起こしてしまった子どもに対して、「これでは、みんなからの信頼が失われてしまいます」と伝え、「どうしますか？」と聞いてみましょう。子どもは、多くの場合「みんなの前で謝る」と言います。そこで「どうするべきか、約束してごらん」と促すのです。

　心理学に「宣言効果」というものがあります。目標を周りの人に宣言することにより、目標を達成しやすくする効果です。クラス全体の前で約束（宣言）をして、より多くの人に伝えることで、子どもは、「あの時、みんなの前で約束したのだから、しっかりやらなくては」という気持ちを持ちやすくなります。問題行動は、本人と周囲の問題であることから、周囲に対して約束させることで、それ以降、行動が改善されることが多くなります。

話を聞いている他の子どもたちも指導

　問題行動を起こしてしまった子ばかりではなく、その宣言を聞いている他の子どもたちにも指導することが大切です。子どもが話す前に必ず「皆さん、姿勢を正してください」と言いましょう。

　続けて「前に来て勇気を出して約束するAさんに、しっかりと応えましょう」と伝えましょう。この言葉には2つの意味があります。1つめはしっかりとした緊張感をクラス全体につくり出すということ。せっかくAさんが伝えようとしている言葉を聞き逃すことは避けたいです。2つめは「先生はAさんを応援している」と暗に伝えることです。応援の気持ちをAさん、そしてクラス全体に伝えることで、Aさんを温かく見守る雰囲気をつくります。

7 強い指導の後も、子どもを孤立させない

　強い言葉で指導する場面では、子どもは大いに反省することでしょう。しかし、それだけで終わらせずに、子どもが前向きになれるように導いていくことも大事なポイントです。

効果的な言葉かけ

皆さん、聞きましたか？

応援しよう

自分も頑張ろう

皆さん、聞きましたか？

POINT クラス全員の前で、しっかりフォローの言葉を伝える

学級全員の前でしっかりフォロー！

　クラス全員の前での指導を行うと、指導された子どもが孤立感を抱いてしまう可能性があります。したがって、「クラスとして」どうしていくべきか、クラス全体に示すことが大切です。

　クラス全員の前で、子どもが謝ったり、反省の言葉を述べたりするような指導をした場合は、以下のようにフォローします。

　「皆さん、聞きましたか？　全員に課題があるように、完璧な人はいません。よく、他の友だちのことを『あの子は良くない』と思う人がいます。しかし、それはとんでもない勘違いです。今、反省の言葉を聞きました。皆さんはAさんの今後に期待すること、そして、Aさんは行動で示すことが大事です。先生も大きく期待しています」と伝えます。この言葉かけは、教師や大人、他者の期待が高いほど学習効果も高いという「ピグマリオン効果」の考え方を基にしています。

　教師の「期待」をしっかりと伝えることで、その後、子どもは大きく変わっていきます。

学級全体に、後押しする雰囲気をつくる

　「皆さん、聞きましたか？」と問いかけると、うなずく子がいることでしょう。そこで、「Aさん、きみの話を聞いて、大きくうなずく人がいます。君のことを応援しようとする人がたくさんいることを忘れないで」と伝えます。もちろん、状況によっては、うなずく子が見られないこともあります。しかし、心の中で応援しようと思っている子は必ずいるものです。

　教師は、そうした応援者がいるということを教えましょう。教師が、Aさんに伝えることで、他の子もAさんを応援してみようと思えることがあるのです。教師は、該当の子どもだけではなく、それを聞いている周りの子どもたちへの影響も考えて言葉を発していくことが大切です。

8 指摘するときは 「味方の姿勢」を示そう

　教師の「○○しなさい」「○○しなくてはだめだよ」という言葉は、子どもにとっては上から目線のような言葉に聞こえることもあるかもしれません。時には「教師も味方である」ことを強調しましょう。

効果的な言葉かけ

勘違いされてしまうのは、もったいないことだよ

> 君はいつも頑張ってるから勘違いされるのはもったいないよ

ヨカッタ!

> 先生はボクの味方なんだ

POINT その子の良さを認めて、前向きになれる言葉かけを

落ち込んでいる子どもには、どう語りかける？

　子どもは教師に叱られて落ち込むことがあります。

　しかし、どのような子も未来へ向かって力強く歩んでほしいです。

　そんなときこそ、教師は「あなたの味方である」というメッセージを子どもに伝えることが必要です。

　「君はいつも頑張っている。しかし、今回の言動で、本当の君の素晴らしさが他の人から見えなくなってしまう。勘違いされてしまうのは、もったいないことだよ」と語りかけます。

　このように、その子の良さをわかっていることを表現しながら、「叱られるようなことをするのはもったいない」という気持ちを伝えます。

教師は「敵」ではなく「味方」です

　心理学には「損失回避性」という言葉があります。人間には「損失を避けよう」とする習性があると考えられており、子どもも同様に、「損したくない気持ち」がどこかにあります。自分の行いによって、実は大きな損をしていることを伝えると、子どもが変わるきっかけにもなります。さらに、この「もったいない」という言葉かけでは、「私（教師）は君を認めている」ということを暗に子どもに表すことができるのです。自分の良さがあるにも関わらず損をするのはもったいないと教えることは、「教師は敵ではなく味方である」ことを示すことでもあるといえるでしょう。

　もちろん、損得感情ばかりに終始するのではなく、あくまでも変わるきっかけづくりであることを意識します。目的は、損か得かを考えさせることではなく、その子が指導を前向きに捉えられるようになることであると忘れないようにしたいですね。

9 いじわるをされた子を安心させる

集団でひどいことをされたり、心細い思いをしたりしてしまう子が少なからずいます。教師が味方であること、そして周りには教師以外にも多くの味方がいることを、しっかりと伝えていきましょう。

効果的な言葉かけ

君にはたくさんの味方がいる

仲間がいるから安心できる

POINT ▶ 味方の存在をはっきり教え、安心感を持たせる

もっとも優先したいのは、被害を受けた子への言葉かけ

　たとえば、集団で意地悪を言われたり、責められたりする事案があったとします。いじめに該当する大きなことかもしれません。

　その際に、いじめをした子どもの指導はもとより、いじめを受けた子どもへの言葉かけが大変重要になります。

　そこで、大切なことは、「君にはたくさんの味方がいる」と仲間がいることを伝えること。

　心理学に「社会的欲求」という言葉があります。社会的欲求とは学校、家族、学級といった集団に認められたいという欲求のことを指します。そうした欲求が満たされた結果、安心して学習や生活に向き合うことができます。

　それが満たされない状態では、そもそも学校に来たくない、学習に取り組めないといったことに陥ってしまう可能性があります。

　そこで、「君には仲間がいる」ことをしっかりと強調しましょう。

仲間の存在を明確に伝える

　たとえば、今回の事案が同じクラスの人からわかったとします。そうした場合、名前を伏せながら、「今回のことで大きなショックを受けたかもしれない。しかし、君にはたくさんの仲間がいる。今回のことも同じクラスのある友だちから聞いた。君のことを大切だと感じているからこそ、勇気を出して先生に言ってくれた仲間がいることを知ってほしい。そして、先生（私）、校長先生、職員室にいる先生方、警察の人、誰もが君の味方だ」と話します。学級、学校、そして学校の外にもその子の味方がいることをはっきりと言葉にしましょう。

　集団で意地悪をされた子に、全力で守るという強い意志を、そして1人ではなく仲間がいることを伝え、子どもが安心感を持って過ごせる環境をつくるのが大事です。

子どもの内面を育てる
言葉かけ

ものの見方を豊かにする考え方

　本書の言葉かけには、二つの目的があります。一つ目は「子どもの行動の変容を図ること」、二つ目は「子どものものの見方・考え方を変えること」です。

　たとえば7章2の「やってもらってばかりでいいのかな」という言葉かけがあります。これは、物事の背景には目には見えない思いや支えがあるという、普段の生活では気が付かないことを伝えるものです。これらの言葉かけはすぐに行動の変容を図るものではなく、じっくりと種から芽がでるように内側から育む言葉かけです。はじめのうちは、「なんだか効果がないな」と思われる方もいらっしゃるかもしれませんが、子どもは確実に変わっています。目には見えない部分（内面）が変わるのですから、当然、教師にもわかりづらいです。しかし、こうした内面の変化を促し、多様な見方を身に付けさせることで、1年後に子どもは大きく成長していることでしょう。そして何より、卒業した後も子どもの中に生き続けます。

　ここで大切なことは、「子どもを変える」という意識より「子どもの心を豊かにする」という考えです。子どもの率直な見方や考え方を認める教師でいたいものです。「嫌なことは嫌。好きなことは好き」これはこれで良いです。しかし、物事の見え方それだけではないということを伝えるのも大切だと思います。押し付けるのではなく、子どもの人生や生活が少しでも豊かになるよう言葉かけをしていきたいものです。

第 **5** 章

子どもを励ます
「フォロー」
の言葉かけ

1 子どもが傷つかずに、一歩踏み出せる

子どもに変わってほしくて、教師は多くのことを求めがちですが、それが子どもを傷つけているかもしれません。どのような言葉かけをすれば、子どもは一緒に歩み始めてくれるのでしょうか。

効果的な言葉かけ
すぐにできなくていいから、1ミリ変えてごらん

POINT 少しの変化で良いと伝え、心理的負担を減らす

「できるようになりたい」を自主的に引き出そう

　たとえば、私語を止められない子がいます。どうしてもしゃべってしまう癖のようなものがついてしまっている子です。だからといって、私語のたびに叱ってしまっては、その子の自尊感情を傷つけることになりかねません。

　その子を傷つけないためにも、タイミングが良い時に別室に呼び、こう言います。

　「おしゃべりをするくせを直そう。すぐにできなくてもいいから、1ミリ変えてごらん。1ミリだったらできそうでしょ。少しずつ直していきましょう」

　このように、「すぐにできなくていい」と言われた時に、子どもはかえって頑張ろうと励まされることがあるのです。

　心理学に「心理的リアクタンス」という言葉があります。「○○しなくてもいい」と言われると、かえって「○○したくなる」という心理現象のことです。つまり、「できなくていい」と言われれば言われるほど、「できるようになりたい」と思う子どもが出てくることをねらっています。この言葉には、「押し付け感」があまりないため、子どもたちも安心感を持って、自主的に改善していこうと考えるようになります。

「人格」ではなく「癖」を注意する

　この言葉かけで指導する対象は、「癖」であることがポイントです。癖とは、その子の人格ではなく、長い年月がかかって身に付いてしまったもの。つまり、努力次第では改善できることです。人格や性格の否定ではなく、その子が日常的に直せそうなことから、少しずつ指導していくように心掛けましょう。

2 自信をなくした子を励ます

友だちとの関係性や廊下歩行時のルール、学習規律などの中で、叱られることが多く、投げやりな気持ちになっている子どもに対しては、改めてこんな問いかけをしてみましょう。

効果的な言葉かけ

○○をするのは、本当に難しいことですか？

意外とカンタン！

前を向いて姿勢を正すだけだよ

POINT 改めて「難しいか」と問いかけ、意識を変える

「難しい」の枠組みをはずしてみる

　教師として正しいことを指導することは当然のことです。しかし、繰り返し間違いをおかしてしまう子に対して何度も指導することは避けたいです。指導すればするほど、子どもは、「なんで自分はこんなにも叱られなければいけないんだ。言われてもわからないし、僕には難しいことなんだろう」と思ってしまう可能性があるからです。そうしたときには、実は簡単なことだということを伝えます。

　たとえば、廊下整列で静かに並ぶことができない子が多いとします。その際に、「廊下に静かに並ぶことは、そんなに難しいことですか？」と尋ねます。子どもたちの多くから「難しいことではない」と返ってくるでしょう。教師は「その通り、前を向いて姿勢を正すだけです」と伝えます。

　一見困難に見えることでも、実際は難しくないと伝え、「できるかも」と思わせることで、子どもは変わっていきます。

端的にどうすべきかを伝え、励ます

　さらに「君ならできるはずだ」「多くの人ができるようになってきている」などと言葉を伝えることで、子どもたちは頑張ります。あくまでも子どもを励ますという視点が必要です。教師が「こんな簡単なことができないのか」と思っているかのような印象を与えることなく、端的にどうすべきかを伝え、繰り返し練習させることが大切です。たとえば、廊下整列の際にまずは前を向くなどです。子どもから後ろ向きな答えが返ってきても、「きっと今の君ならできるはずだよ」と励ますことができます。そんなやり取りをしているうちに、実際に多くの子どもたちが、注意を受けずに、整列できるようになっていくことでしょう。

3 意気消沈した子の やる気をグッとあげる

　問題があったときに、つい、指導や注意をしっぱなしにして、子どもを意気消沈させてしまうことがあります。成長に繋げるためには、背中を押すひと言が必要です。

効果的な言葉かけ

取り返そう

一度沈んだ
経験が
あるから

大きく
成長
できる！

POINT 取り返せないことはないと、しっかり伝える

ストレスを跳ね返す力が、その子を勇気づける

　子どもは叱られたり、指導されたりすれば、「恥ずかしい。なんて自分はだめなんだ。先生に嫌われた」と思うものです。

　指導をしっかりと伝え、反省している様子が見受けられたら、教師は「取り返そう」と語りかけましょう。

　「やってしまったことは仕方がないです。大切なことは続けないこと」、「そして、取り返そう！　2倍も3倍も取り返そう」。

　大きくジャンプするためには一度しゃがむように、また、バネが強く縮むことで大きな力が生まれるように、しっかりと反省させ、次こそはと熱意を持って取り組ませることが大切になります。「レジリエンス」とは跳ね返り、弾力、回復力、復元力という意味です。人がストレスを感じたとき、あえてそれを跳ね返そうとする力、「レジリエンス」が働くのです。教師から「取り返そう」と言われることで、「そうだ、取り返せるんだ」と張り切るでしょう。勇気をもらうでしょう。

問題行動を起こす子に力がある

　「君には取り返す力がある」と併せて伝えることも重要です。望ましくない行動をする子には、それだけのエネルギーや影響力があることが往々にしてあります。ですから「君には影響力がある」としっかりと伝えます。裏を返せば、その子がより良くなり、学級のリーダーになることも考えられます。

　そういう子どもには「君はクラスに欠かせない存在なんだ。むしろリーダーの1人として活躍してほしい」と気持ちを届けましょう。また、「失敗や経験から大きく成長している子を先生はたくさん見てきた」と伝えます。こうした子どもには力があり、失敗から多くを学びます。過去にも、失敗を経て立派になった子どもたちがいることを教え、励ましていきたいものです。

4 やり直しを前向きに捉えさせる

整列、声の出し方……。教室では、よく「やり直し」をさせることがあります。子どもたちには「やり直し」が棘のある言葉に聞こえるかもしれません。代わりになるのが、この言葉です。

効果的な言葉かけ

練習しておいで

片付け

サッカー

＝（イコール）

EXERCISE
練習したらできるようになる！

POINT ポジティブな言葉で、何事にも前向きに取り組ませる

前向きに「やり直し」を伝えたい時に

「やり直し」という言葉に、少し厳しい響きを感じる子もいるかもしれません。より前向きに取り組ませる言葉が、この「練習しておいで」です。

たとえば、子どもが教師のところへノートや教科書を持ってくる時に、椅子を机にしまわずに来てしまった場合、「椅子が机の中に入っていません。練習してごらん」といったように使います。

繰り返し行うことはポジティブなこと

「練習」とは、繰り返し行い、作業の質や速度を高めるものです。

つまり、「練習する」という言葉は、「繰り返し行い、成功させる」という前向きなニュアンスを持っています。やり直しをさせる時に「君はだめだから」といった意味合いを全面に出すのではなく、「練習してできるようにしよう」と背中を押す教師になりたいものです。

練習という言葉は、算数の練習問題、サッカーの練習など多くの場面で使われています。そこには「失敗」も含まれていますが、繰り返した先に成功があるというニュアンスを持っています。つまり、今できないのは君が悪いわけではなく、ただ単に経験（練習）をしていないからという意味を含んでいるのです。

ぜひ、繰り返し行うことをポジティブに捉えさせるようにしたいです。改めさせることは、何も後ろ向きなことではなく、次なる成功への大きな足がかりです。

この時、教師は明るく、前向きなトーンで伝えます。たとえば笑顔で「練習して、うまくなりましょう」と言って、繰り返し取り組ませ、上達するように前向きに捉えさせます。笑顔で、そして子どもたちを勇気づけるように話しましょう。

5 失敗への恐れをほどく

　子どもたちは、失敗は良くないことだと思い、間違いをとても恐れています。教師は、そんな子どもたちが失敗を恐れず、積極的に挑戦できるような力を培いたいものです。

効果的な言葉かけ

成長している

2万の失敗 → ✧発見✧

POINT 失敗とは必要なことだとしっかり伝える

子どもの「思い込み」を解き放つ

　子どもたちが、いろいろなことに果敢に取り組んでいくクラスを目指しませんか？　まずは、子どもの持っている「失敗の恐怖」という思い込みを変えるきっかけをもたらす言葉かけが必要です。

　子どもたちは、目に見える成功にとらわれがちです。テストで良い点数になった。1位になった。失敗した。そこには、失敗することが良くないという思い込みがあります。

　そこで、「失敗＝悪」という思い込みを変えてあげることが大切になります。

　「たしかに今回、君は失敗したと思っているかもしれない。しかし、君は成長しているんだよ。失敗したという経験を得たよね。それは誰も知らないことを知ったという成長。きっと同じ過ちはしないでしょう。これは大きな成長だ。経験という糧を得ているんだよ」と伝えましょう。

　成功も失敗もあるかもしれない。しかし、確実に言えることは経験しているということ。つまり、経験を積んだという成長をしていることになるのです。

　すると、子どもは、失敗が悪いことであるという思い込みを脱し、自分が成長するための、成功の糧になることを理解してくれるでしょう。

エジソンは失敗を「発見」と捉えた?!

　エジソンは、電球を発明するのに2万回の失敗をしました。しかし、彼はそれを「2万の発見」と捉えています。そうした経験があってこそ、大発明へと繋がったのです。このように、今、便利に使われている数々の商品やものは、作った人のたゆまない努力と失敗の中から生まれたことを伝えるのも、効果的です。

6 自分から動く子に育てる

　教師は、どうしても子どもに「○○しなければならない」と強く指導したくなるものです。ただ、強く指導すればするほど、子どもの心が離れてしまうときは、子どもに選択肢をあたえましょう。

効果的な言葉かけ

後は君に任せる

POINT 子どもを信じることがものすごく大切

自主性が子どもの行動を変える！

　指導をすると、どうしてもいじけて、やる気をなくして何もしなくなる子がいます。そんな状況では、教師が「○○しなさい」と指導しても、子どもには響きません。

　そこで、「○○した方がよい」としっかりと正しい行為について指導した後で、「これからどうするか、後は君に任せる」と話します。

　心理学に「自己決定感」というものがあります。誰にも縛られずに自分から行動しているという感覚のことです。

　人は、誰かから物事を押し付けられれば、反発する心の性質があります。

　したがって、教師が決めるのではなく、子どもの自主性を尊重しましょう。その結果、子どもの行動が変容することが多く、自主性が育つことに繋がります。

子どもの勇気に喜びを表そう

　子どもに任せていては不安だという教師もいるかと思います。しかし子どもは、「成長したい」という心を持っているものです。

　そうした心を信じ、待つことが大切です。多くの子がより良い行動を選びます。教師は、その選択したこと、勇気を出したことに対して、感情を爆発させて喜びましょう。子どもの成長を見た瞬間の喜びを伝えるのです。きっと、子どもは大人のその喜びを感じ、今後もより良くなるように努めることでしょう。

　また、言葉では、やらないと言ったり、変化が見られなかったりするかもしれませんが、温かく見守ることが大切です。教師と子どもが親密な関係になることで、子どもが変化することがあるからです。説得や指導は何も直接的なことばかりではなく、見守り続け、待つことで効果が見えてくることもあります。

7 落ち込んでいる子に、「次こそ」と思わせる

トラブル対処や叱る場面の指導では、子どもが意気消沈してしまうことがあります。自暴自棄になることもあります。子どものやる気を損なわないために、こんな風に語りかけましょう。

効果的な言葉かけ

大切なのは
繰り返さないことです

失敗のループ

もう
やらないわよ‼

POINT 子どもたちにチャンスを与え、温かく見守る

叱って終わりになっていませんか？

　叱られたとき、子どもの頭の中は、「叱られた」「あんなことをしなければよかった」との思いでいっぱいです。それでは、次へのやる気やエネルギーは湧いてきません。こういうときこそ、子どもにやる気を出させることが大変重要になります。

　まずは、「大切なのは繰り返さないことです」としっかり伝えましょう。

　心理学には、「未来志向」という言葉があります。相手に「未来での解決」に目を向けてもらう技法です。過去に遡ればきりがありません。自分の性格、友達関係、状況など。後悔やマイナス感情は、枚挙にいとまがありません。

　過去に遡るような原因追及を行うだけではなく、より良い未来に目を向けさせ、何事にも積極的に取り組ませることが大切です。

言葉にして伝えることに意味がある

　「繰り返さないこと」という言葉と併せて「期待していい？」と伝えることもポイント。多くの子どもたちは「はい」と答えてくれます。

　しかし、まれに「期待しないでください」と言ってくる子がいます。そのような時でも、「先生は期待してしまうな」と話しましょう。これはＩメッセージです。教師が期待することは誰にも邪魔ができません。子どもが教師の気持ちを否定することはできません。重要なのが、してしまうという表現です。期待するという決意ではなく、君の今までの言動からつい期待をしてしまうという意味を込めます。そうすることで、子どもは今までの自分の頑張りを認められているような感覚を抱くことができるでしょう。

　常に、子どもを勇気づけ、認める教師になりたいものです。

保護者を巻き込む

担任だからこそ伝えられることがある

　私は、学級通信などを通して「子どもたちにどのような言葉を投げかけたか、そしてその言葉はどのような意味や意図があるのか」を保護者の方に伝えるようにしています。

　保護者の方は、担任の先生の言葉から言葉かけの大切さに気がつくこともありますし、重要性を再認識することもあるでしょう。保護者の方から「先生の通信は私の人生の教科書です」と言われることもありました。

　もちろん、学級集団での言葉かけと家庭での言葉かけでは、異なることが多いかと思います。しかし、家庭であっても、子どもを認め、励ますという大事な視点は変わりません。

　保護者の方は忙しいです。本を読んだり、勉強したりする時間がないかもしれません。そんな中、日頃から子どもに向き合っている先生の言葉は、もしかしたら著名な方の言葉より、保護者の方に届くことがあるかもしれません。

　学級通信を読んだ保護者の方からは、例年多くのお手紙をいただきます。懇談などで直接感想をいただくこともあります。

　そんな経験から、私は「担任だからこそ、子どもの姿や指導の重要性を伝えることができるのではないか」と強く思っています。「教師にしかできないことがある」のです。教師という職業に誇りを持って取り組みたいですね。

第 **6** 章

クラスに
「協調性」
が生まれる言葉かけ

1 課題に前向きに取り組ませる

　子どもたち全体の動きが悪いということが、学級ではよくあります。どのような言葉かけがあれば、クラスがいきいきとしたものになるのでしょうか。

効果的な言葉かけ

練習の成果を発揮しよう

POINT 何事にも必要感を持たせることが大切

必要性を実感させる

　子どもたちの動きが悪い理由として、動く必要性を感じていない、または、動こうと内面から思っていないことが挙げられます。

　たとえば、給食の準備に時間がとてもかかる時があります。その要因としては、着替える際におしゃべりをしていることなどが考えられます。

　そこで、授業中などの空いている時間を見つけて、着替える練習をします。タイムを測り、どのように着替えれば早くできるかを考えさせましょう。多くの場合、時間がかかるのは、急ごうと意識しておらず、おしゃべりをしてしまうことが原因でしょう。練習を通して、どのように準備をするべきかを確認し、「急ごう」という意識を育てます。そして、本番では「練習の成果を発揮しましょう」と伝えるのです。

努力の時間を取り返そうとする心理が働く

　この言葉かけは、「コンコルド効果」といって、それまでに費やした労力やお金、時間などを惜しんで行動しようとする心理を使用しています。

　つまり、これまで時間をかけて練習したため、その努力の分だけ成果を得ようと思う気持ちを活かすのです。子どもたちは、そうした気持ちを持っているため、教師からひと言「練習の成果を発揮しよう」と言われれば俄然やる気が起きます。ただ「早くしなさい」と言われるよりも、子どもたちは楽しく取り組むことができますし、教師も気持ちよく指導できますよね。

　話し合い活動を通して、じっくりと解決策を考えさせることも大変有効です。拙著『心理テクニックを使った！　学級が激変するダダクマ会議』（東洋館出版社）では、廊下歩行やあいさつなどの日常で大切な事柄を効果的に話し合う方略について記載しています。

誰も傷つけずに注意する

授業中に手遊び、私語などを注意しても「私はしていません」という子がいます。「した／していない」の水掛け論では、教師と子どもの関係が悪化してしまうため、子どもが納得する言葉かけが必要です。

効果的な言葉かけ

先生にはそう見えました

POINT 客観的にどう見えるかを伝える

子どもたちに自分を客観視させるひと言

関係が悪化する要因として、教師側に子どもを認めない、否定するという姿勢があることも考えられます。お互いの言い分に折り合いをつけ、行動の改善をねらいましょう。

認めない子に対しては、「先生はそう見えました」と伝えた上で、「でもやっていないんですね。わかりました」と一歩引きます。

「した／していない」ということが問題なのではなく、そのように「見えたこと」が問題であることを伝えています。したがって、視線、姿勢、音などが原因で、そのように他の人から見えてしまったという事実は変わりません。

人間には「メタ認知」という認知能力があります。「メタ認知」の力を育てると、客観的に自分を捉えることができるようになる効果があります。自分の行為が、「どのように見られるのか」を気づかせる指導をすることで、子どもの成長を促します。

積極性が明るい学級をつくる

子どもたちが「自分が周囲から見られている、周囲に影響を与えている」ということを理解できたら、自分自身の言動によって、周囲により良い影響を与えるように促します。他の人が見ているからしっかりやるという消極的な態度を教えるのではなく、「皆さんがいることで周囲の人が喜ぶような、または明るくなるようなことをしよう」と働きかけましょう。

これは高学年になるにつれて効果を発揮します。委員会やクラブ活動でリーダーとなって活躍することが多くなるからです。その際に、自分の行動が多くの人に影響を与えることを自覚するのとそうではないのとでは雲泥の差があります。そして、影響を与えるのであれば、ぜひ良い影響をあたえるように鼓舞していきます。メタ認知を磨くことは、あらゆる場面で効果が期待できるものなのです。

3　騒がしい状態から、一気に静かにさせる

　給食の準備や図工の片付けなど、静かに活動させたい時があります。しかし協力する作業では声が出てしまうもので、「静かにしなさい」は効きません。さらに現実的な言葉かけをしませんか？

効果的な言葉かけ

１人１つボリュームを下げよう

POINT　具体的に示すことで子どもを動かす

「静かにしなさい」よりも具体的な数字を提示しよう

　給食の準備や図工の時間、学習の自主活動などでは、どうしても子どもたちの声が大きくなってしまうものです。しかし、そのままでは、静かに学習したい人、過ごしたい人の妨げになる可能性があります。

　そこで、そのような時は、「1人1つボリュームを下げよう」と伝えます。

　ボリュームを「1人1つ」下げると、教室に40人いればボリュームが40下がることになります。

　教師が「静かにしなさい」と言っても、子どもたちにとってどれくらい低くすれば良いのかが明確ではありません。また、自分は関係がないと考えて手を抜く「社会的手抜き」が生じることがあります。

　「社会的手抜き」とは、集団の中で一部の人が、さぼったり、手を抜いたりする心理現象をいいます。

　この言葉かけは、「社会的手抜き」を防ぎ、1人ひとりにどれくらいボリュームを下げればよいかを明示することで、みるみる静かになっていくことをねらいます。

自分ごとだとわかると、行動が変わる

　騒がしい時には、何かしらの理由があります。たとえば、給食の準備で声を出してしまう時は、1人ひとりの役割が明確になっていないことや、協力して行うことができていないことなどが考えられます。言葉かけと同時に、こういった根本的な要因に着目して、しっかりと改善させることも有効です。

　「話してはいけない」と言っているわけではなく、声のボリュームを下げるように伝えていることも大切です。禁止するのではなく、注意することで、自分で判断する余白をつくり、本書で繰り返し伝えている自主性を育てていきましょう。

4 静けさのある クラスをつくる

声をあげる必要のない学習場面や集中する場面で、子どもたちがざわざわしてしまい、なかなか静かにできないことがあります。時には、能動的なアプローチを提案してみましょう。

効果的な言葉かけ

静けさをつくりましょう

し〜ん

扇風機や風の音が聞こえる

POINT 指導が伝わらない時こそ、「体感」させる

静かな状態とは、「音がない」ことではない?!

　騒がしさを指摘する際に、「静かにしなさい」と言いがちですが、その前に「静かな状態」を子どもたちに体感してもらうと、指導が行き届くようになります。

　そのための言葉が、「静けさをつくりましょう」です。子どもたちはキョトンとするでしょう。そこで、一度手を止めさせ、静かにさせます。この時、次のように伝えます。

　「皆さん、聞こえますか?　（夏であれば）扇風機の音。外の風の音。はたまた、隣の先生の授業の声が聞こえますね。静けさとは、普段聞こえない音が聞こえてくることなんです」

体感を通した具体的な目標を示す

　子どもたちは、静かにするということを、無音にすることだと考えています。しかし40人が一緒に過ごす教室が無音になることはありえません。そうではなく、聞こえない音が聞こえる空間であることを伝えるのです。

　心理学に「目標設定の効果」というものがあります。目標設定の効果とは、具体的、かつ体験的な目標を示すことで、行動が変わるというものです。静けさとはどのようなものかを体感させることで、静けさをつくり出すことができます。

　積極的に音を聞くこと、見つけることは、体験的な目標と言えるでしょう。

　このように、体験を通して目標を示すことは、あらゆる場面に応用できます。たとえば、廊下歩行。廊下の静かな歩き方を一から指導します。一見、時間がかかり、効率が悪いように感じますが、一度、共通理解をすることで、その後の指導で大きな効果を発揮します。

　ぜひ、実感を持って学ばせるようにしていきたいです。

5 どんな場面でも サッと動くようになる

集団で協調性を持って行動するような場面でも、わざと1人違う行動をする子に、「困るんだよ」と伝えても、あまり効果はありません。個人ではなく、全体に視点を向けさせましょう。

効果的な言葉かけ

仲間のために頑張ろう

POINT 子どもの集団心理を理解して働きかける！

学級への帰属意識を使って行動の変容を図る

　学校は集団で行動することを学ぶ場所でもあります。そうした集団意識を育む指導をしっかりと行いたいものです。

　しかし、どうしても時間を守らない子がいたり、行動が遅くなってしまう子がいたりします。

　その行動の背景はさまざまです。ただそれが自己中心的な考え方の場合は、注意が必要です。たとえば、自分が遅くなろうとも、たいしたことはないだろうという考え方の子どもには、改めるきっかけを与えましょう。

　教室移動で、ダラダラと時間をかけて廊下に並ぶ子どもがいたとします。これでは、すぐに特別教室に行くことができません。

　そこでまず、廊下に全員並んでから行動するように徹底します。

　そして、遅い子がいたら、「仲間のために頑張ろう。みんなが待っているよ」と言葉かけをします。

　人間には組織や集団の一員として行動する心理があります。これを「帰属意識」といいます。自分個人が指摘されるだけでなく、学級のみんなが困る。裏を返せば、「自分の行動によって、みんなが行動しやすいものになる」という心を育てるようにします。「さっさとしなさい」と叱るよりも、ずっと子どもの心に響くことでしょう。

学校は集団行動を学びに来ている場

　全体指導の場面で、学校は集団行動を学びに来ているということを指導します。家と学校の違いは、クラスという大人数で行動することを経験することです。そうしたことを前もって指導するようにします。事前に指導しておくと、どんな場面でも改めて諭すこともなく、子どもに伝わるからです。教室移動は、徹底して廊下に整列させてから行うのも大事です。よく、バラバラに移動するクラスがありますが、ぜひ、整列する癖をつけさせるようにしましょう。

6 子どもたちの行動を、劇的に速める

　1年生を迎える会や、学習発表会など、時間が限られた中なのに、子どもたちの動きが遅い。もっとテキパキと行動させたい。そんな時は、数字を使って指示をしてみましょう。

> **効果的な言葉かけ**
>
> ## 1人1秒速く動きなさい

1秒なら
できそう

3秒

2秒

1秒

スモールステップでやる気を引き出す！

POINT 具体的に伝えることで子どもは動く

予告なしのタイマーが効果的！

　たとえば、1年生を迎える会や6年生を送る会などでは、時間が決まっています。大体は5分などという短い時間で出し物をすることになっているでしょう。

　ある程度、練習を重ねて流れができた状態で、まずは、教師がタイマーで時間を計ります。

　出し物が終わった後、かかった時間を告げます。多くの場合、流れができた段階で時間通りにいくことはありません。決められている倍以上の時間がかかることもあります。子どもたちにタイムを告げ、ものすごく時間がかかっていることを伝えましょう。

　そこで、「目標時間にまったく届いていません。まずは、1人1秒速く動くようにしましょう」と指示します。「時間がかかったので行動を速くしなさい」という指示には、どれくらい速くすれば良いかが明確に示されていません。そこで、体感的な数字を使って、子どもたちの行動の変容を促します。

具体的な数字に子どもたちのやる気もアップ

　心理学に「スモールステップ」という考え方があります。段階を踏んで学ばせる手法をいいます。まずは、1人1秒速く動くように伝えることで、やれそうだ、できそうだという気持ちを引き出します。

　実際、1人1秒速く動けば、40人学級の場合、全体で40秒短くなります。1人1秒テキパキと動くだけでそれだけ短くなることに、子どもたちは驚くはずです。その後、1人2秒、3秒のように段階的にレベルを上げて、子どもたちに速くするように指導しましょう。

　子どもたちが到達できそうな目標を示し、子どものやる気を引き出すことが、伝わる指導のコツなのです。

7 押し付け感を出さずに指示をする

　子どもたちが、いつまで経っても帰りの会をしない、または、物事を進めないということがあります。タイマーを使うのも有効ですが、マンネリ化してしまうので、教室にあるものを活用します。

効果的な言葉かけ

時計を見ましょう

POINT あえて子どもが考える余白をつくることが大切！

事実を伝えると、子どもたち自ら動き出す

　「○○しなさい」という言葉を、子どもたちは幼少期から何度も言われてきました。その言葉の響きに、子どもは押し付け感ややらされ感をいだきやすく、かえって大人の言う通りには行動したくなくなるものです。

　たとえば図工の時間などで、終了時刻が迫っているにも関わらず片付けが遅い場合、押し付け感を出さないために「時計を見ましょう」とだけ伝えます。

　すると、子どもたちの中から「もうこんな時間だ」と「急ごう」という発言が出てきて、クラス全体が動き始めます。

　心理学に「事実提示話法」という話し方があります。主張や意見ではなく、あえて事実を伝えることで、相手に行動を促すテクニックです。「○○時です。動きましょう」と最後まで結論を言ってしまうと、自分たちで考え出す余白がありません。事実だけを言い、子どもたちが気付く余地をつくります。

「やらされ感」のない言葉かけを

　この事実だけを言うテクニックは、さまざまな場面で使用することができます。たとえば、掃除後、バケツが教室に放置されているとしましょう。教師が「バケツがあるなぁ」と言えば、子どもたちのうち誰かが「片付けます」と言ってくれます。これを「片付けましょう」と言ってしまうと、子どもたちはなんだかやらされ感をおぼえてしまいます。そうではなく、子どもの自主性を引き出すことで、教師も「お！　やってくれるの?!」と逆に褒めることができます。

　指導は、答えをあえて隠すことでより効果的になることが往々にしてあります。子どもたち自らの行為を引き出す指導を心がけたいです。

教師の経験が
言葉かけに活きる

辛い経験が、その人の言葉を変える

　温かい言葉かけ、励ましの言葉かけ。

　教師としては、子どもに温かい言葉、人生を豊かにする言葉、そうした言葉をかけたいものです。

　そんな言葉をかける時、教師の辛い経験が役立つことがあります。人はどうしても、辛く、悲しい出来事を避けるべきだと考えます。しかし、辛く悲しいことから「温かい言葉」が生まれ、「物事の違った側面」が見えてくることもあるのです。

　教師は大変な職業かもしれません。保護者の方から、クレームを受けることもあるかもしれません。教室で、大きな問題が起きるかもしれません。

　そうしたときは、多くの本を読んだり、どのように乗り越えたらいいか苦悩したりすることでしょう。

　辛い経験を乗り越える、または突き抜ける過程を経て、きっと新しい自分に出会い、新しい考え方を得ることができます。これは頭でわかるものではなく、肌で感じるものだと思います。そうした実感を持って得たものを子どもに伝える。これが大事です。

　教師は、自分の人生経験が活きる職業。なんと素晴らしい職業なのでしょうか。

第 **7** 章

1人ひとりの 「主体性」 を引き出す言葉かけ

わざと望ましくない行動を起こす子がいます。本心では思ってもいないのに、友だちが困ったり嫌がったりする言動をする子どもです。どのように対応すると、やめさせることができるのでしょう。

効果的な言葉かけ

賢いかな？

悪口を言ったら
友だちが悲しむ

賢さ ＝ 想像力のある人のこと

POINT 賢さとは何か、新しい見方を与えることが大切

賢さとは想像力のこと

　問題行動を起こしてしまう子どもは、良くない行いをすることで学級の注目を浴びたり、仲間から面白がられたりすることに快感を覚えています。

　たとえば、友だちに何かひどい言葉を平気で言う子どもがいるとします。望ましくない言葉を繰り返し、何度注意しても直さないときがあります。その子には、「相手に悪口を言う人って、賢いかな？」と問いかけましょう。続けて「頭がいいのは想像力がある人。でも、想像力がない人は、相手の立場に立てない。賢い人とは頭をフル回転して、相手の立場に立って行動できる人だよ」と諭します。

　ここでも「リフレーミング」の考え方を使います。ものの捉え方を改めさせ、行動の変容を図る手法のことです。賢くなることは、子どもたち全員が望んでいます。学校とは、学習する場所であることを理解しているからです。そうした子どもたちに「問題を起こすことは、自らを『賢くない存在』であるとみんなに伝えている」ようなものであると教えるのです。そうすることで、これまで、何気なく起こしてきた問題行動に対して、考え直すことができるようになります。

学習とは勉強のことだけじゃないことを教えておく

　４月のはじめに、初めてそのクラスの子どもたちに会った時、「学校は賢くなるところ」と伝えておきましょう。「学校は学習するところ」との認識がある子どもたちにとって、賢くなる場所という言葉はすっと頭の中に入ります。もう一歩進んで、友だちの心を想像することも「賢さ」になること、そしてそれは勉強のみならず、生活を通して育てられることであると話します。

　子ども自身も、学習とは机の上での勉強のことだけではなく、人間関係にも大事な役割を果たすことなのだと、見出すことができるようになります。

2 自ら「しっかりやろう」と思わせる

　「〇〇しなさい」と、繰り返し子どもに言い聞かせているのに、聞いてくれない……。そんな時は、子どもたちが持っている「周りの人へのお返しの気持ち」に響く言葉をかけてみます。

> **効果的な言葉かけ**
> ## やってもらってばかりでいいのかな

POINT 面倒というネガティブなものをポジティブなものに！

目には見えない思いや支えがある

　子どもたちにとっては、学校生活のさまざまな活動が面倒だと感じてしまうこともあります。しかし、目には見えない思いや支えに思いを馳せるように促すことで、子どもたちの心や行動が変わっていきます。

　掃除が面倒くさいと感じている子どもは多くいます。特に中・高学年にはその傾向が見られます。そこで、子どもたちに以下のように言葉をかけます。

　「普段使っている教室、机、こうしたものを使えるのは、前の学年がきれいに使ってくれたからだよ。君たちが、４月にきれいな教室で学年を始められたのは、前の学年がきれいに掃除をしてくれたからです。だったら、次の学年に同じようにしてあげることは当然だと思うな。やってもらうばかりの人生でいいのかな。それは、幼い子どもがご飯、トイレの手伝いなどをしてもらっていることとあまり変わらないと思うな。ぜひ、お返しするつもりで、行ってほしいなと思います」と、子どもの想像力に働きかけるように語りましょう。

「面倒くさい」場面でも行動できる学級になる！

　人間には「返報性の規範」といって、「してもらったことは返したい」という心理作用があることがわかっています。自分の生活は、多くの方の支えの中にあることを伝えると、自ずと自分も何かしてあげたいと思うものです。その支えを想像する心を育てることで、一見面倒な場面でも自主的に行動できるようになります。

　また、「掃除などは、気付く力がある人が上手にできます」と指導することもできます。ゴミを見つける力、次に何をすべきか判断する力、そうした力が試されることを教えると、子どもたちもゲーム感覚で取り組むようになり、クラスから「面倒くさい」といった重い空気感が払拭されるはずです。

3 ものを大切にする心を育てる

　ものを乱雑に扱ったり、落書きをしたりする子がいますが、それは想像力が足りていないことが原因です。視野を広く持つ子どもを育てる言葉かけをしましょう。

効果的な言葉かけ

「私は見えていません」と言っているようなものです

背景がどんどん見えてくる！

POINT 見えないものを想像するように働きかける

見えないものも想像できる人になってほしい

「見えないものを想像すること」が大切であると伝えることが大事です。これは、何ももものを大切に扱うだけに留まらず、見えない多くの人々の思いを想像する心を育てることにも繋がります。

ノートや教科書に落書きをしている子どもを見た時、教師として見過ごすわけにはいきません。

そのような子に対しては、「ノートは、お家の人が一生懸命働き、購入したものです。また、教科書は、日本全国の人々から集めたお金（税金）で購入されています。教科書は、ただの紙の塊ではなく多くの人々が関わってできています」と、まず背景を教えます。

そして、「落書きをする人は、『私は見えていません』と言っているようなものです」と気づきを促しましょう。見えないものを想像して、見える人になってほしいということを伝えるのです。

できないと言われるとしたくなる

子どもは、「見えていない人間」と思われるのは嫌うものです。「○○できない」と言われるとしたくなる心理効果を「心理的リアクタンス」といいます。

「ものを大事にしなさい」ではなく、「見えていない」と言われると、見たくなるのが人間の心理なのです。そうした心理作用を踏まえ、見えるように促していきましょう。

また、見えていないことが劣っているという意味ではなく、見えることで、ものや人に対する接し方が変わるということを強調することも重要です。

4 自分の行動を見つめ直す きっかけをつくる

揉め事が起きた時、当事者の子どもたちの主張が食い違うことがあります。このような時は、「やった／やっていない」に目を向けるのではなく、子どもたちのモヤモヤがなくなることを目指すと解決します。

効果的な言葉かけ

そこが問題ではないんだよ

POINT 根本的な問題に注目させることが大切

根本的な解決で、不安感を取り除く

　揉め事が起きたら、もちろん詳しく当事者の子ども両者の話を聞き、どちらが本当のことを言っているかを多少なりとも詰めます。しかし、判明しないこともあるでしょう。そこで、「どちらが言ったかは問題ではないんだよ」と諭しながら、「Aくん、友だちに嫌なことを言うことは正しいですか？」と質問します。Aくんは「よくないです」と答えるはずです。続けて「Bさんのことが嫌いで、むかつく気持ちがあるのですか？」と質問します。Aくんは、「そんなことはないです」と答えるでしょう。

　教師はBさんの方を向き、「まず、Bさん、安心して。Aくんは君のことを嫌だって言っているわけではないです。また、そう言われたのであればすぐに先生に言ってほしいと思います。これが続いた場合、先生は、指導しなければいけません」と伝え、不安感を取り除きます。そして、先生にすぐに言うように伝え、安心感を持たせます。

「本当の問題」に気づかせる言葉

　このように話せば、Aくんは、相手が傷つくような言葉を言うと先生に指導されるということを理解します。さらに、「そういうことがあったら、またすぐに言ってね」という言葉かけを傍で聞いたAくんは、「何回もこのようなことがあれば、先生は自分を疑う」という心理になり、自分の行動を見つめ直すきっかけになるでしょう。どうしても、教師も「誰が本当のことを言ったか」ということを判明させたくなります。判明させなければいけない場合もありますが、子どもの成長段階で起こりうることであれば、本当の問題とは何かについてを説明しなければなりません。誰がというよりは、①次に同じようなことを起こさせないようにする、②言われた子を安心させる、③そしてやったかもしれない子を、間接的に牽制するということが求められます。正しい行為の確認が必要なのです。

普段の姿勢が言葉に表れる

言葉は潜在意識へと流れ込む

　数年前、私は子どもがその場にいないのをいいことに、子どもたちの良くないこと、課題となることを同僚に平気で話していました。どうせ、子どもは聞いていないのだから問題ない、影響はないと思っていたからです。

　しかし、それは大きな間違いです。

　人間の意識には2つの層があるとされています。顕在意識と潜在意識です。これに最初に注目したのが、かの有名なオーストリアの精神科医フロイトです。自分の発した言葉は、潜在意識へと流れ込み、無意識に考えや価値観を形成していきます。つまり、直接的には子どもに影響しないと思って話していた愚痴は、子どもを前にした自分の行動や見方、考え方に大きく影響していたのです。

　影で子どもを悪く言う私は、当然その子に対する接し方が良くないものになります。それに気づいた時、後ろ向きな言葉を言うのをやめ、意識的に前向きな言葉を発するようにしたところ、その子に対して温かみのある接し方ができるようになりました。どうしても良いところが見当たらないのであれば、まずは「その子の愚痴を言わない」ということから始めてみると良いかもしれません。言葉には力があります。それは、その子を前にしていようがいまいが、関係ありません。

　私自身、自分が発する言葉に気をつけて生活していきたいと思います。

おわりに

　これまでも繰り返し述べさせていただいたところですが、言葉には力があります。

　言葉かけ次第で、今まで後ろ向きで、投げやりで、授業中に教室の外に飛び出して行っていた子が、教室で仲間と楽しく学習したり、休み時間に遊んだりするようになります。

　ロシアの心理学者、レフ・セミョーノヴィチ・ヴィゴツキーは「思考とは、言語によって行われる」と主張しました。つまり、ものの見方、考え方、そして生き方に言語、言葉は多大な影響を及ぼすのです。

　「クラスをより良く変えたい」「子どもたちに楽しく、仲良く過ごしてほしい」と願うのであれば、子どもたち自身が使う言葉を変えてあげることが効果的です。

　そのためには、まず教師の言葉を変える必要があります。温かい光ある言葉を子どもたちに毎日のように浴びせる。そうした言葉の意味や教師の思いを、子どもたちは感受性高く受け取ります。

　変化はすぐに現れます。1時間で現れることも多々あります。もちろん、なかなか効果が見えないこともあるでしょう。しかし、言葉は思考や内面へ影響を及ぼすもの、本来は目に見えないものです。ですから、教師が「変わっていないなぁ」と思っても、実は子どもの中では変わってきていることが往々にしてあります。種をまき、水をやり、肥料を与えましょう。昇り、沈んでいく太陽のように繰り返し、そして絶え間なく続けることが大切です。

　「そんなにたくさんの言葉かけをしなくてはいけないのか」と思う方もいらっしゃるかもしれません。しかし、本書の言葉かけを実践していただくことで効果を実感し、その法則を基に、また新たな指導に

発展していくこともあるかと思います。必ず、さまざまな言葉かけが
できるようになります。

　子どもたちに成長してほしい。クラスがより良くなってほしい。本
書を読んでくださっている方の、そんな願いから発せられる言葉は、
どれも子どもたちの成長の糧になります。
　ぜひ、言葉の力を感じ取っていただければ幸いです。

　本書の出版にあたり、たくさんの方々のご助力をいただきました。
これまで出会い、ご教授いただいた職場の先生方の指導や言葉から多
くのことを学ばせてもらいました。もちろん、これからも学ばせてい
ただきたいです。
　そして、学陽書房の土田萌さん。私は入院、手術を行い、執筆が思
うように進まない状況でしたが、土田さんの温かい配慮のおかげで本
書を出版させていただくことができました。
　皆様の多くの支えのおかげで、本書ができました。心から感謝して
います。

　今の、そしてこれからの学校現場の一助となれば幸いです。

令和5年3月吉日

阿部　真也

参考資料

■書籍

川島康平『新版　お客をつかむウェブ心理学』同文舘出版、2018年

中島義明・安藤清志・子安増生・坂野雄二・繁桝算男・立花政夫・箱田裕司編『心理学辞典』有斐閣、1999年

林洋一監修『史上最強　図解よくわかる発達心理学』ナツメ社、2010年

山名裕子『幸せを引き寄せる「口ぐせ」の魔法』ダイヤモンド社、2017年

石川尚子『増補　言葉ひとつで子どもが変わる──やる気を引き出す言葉　引き出さない言葉』柏植書房新社、2019年

岸本弘・柴田義松・渡部洋・無藤隆・山本政人編『教育心理学用語辞典』学文社、1994年

内藤誼人『ビジネス心理術事典』イースト・プレス出版、2011年

森俊夫・黒沢幸子『〈森・黒沢のワークショップで学ぶ〉解決志向ブリーフセラピー』ほんの森出版、2002年

■論文・資料

片山太一、大塚淳史、光田航、齋藤邦子、富田準二、日本電信電話株式会社NTTメディアインテリジェンス研究所「相手の発話を深掘りするための質問生成技術」（2018年）

https://www.jstage.jst.go.jp/article/pjsai/JSAI2018/0/JSAI2018_4G103/_pdf/-char/ja

竹村和久「感情と経済行動の意思決定──プロスペクト理論と神経経済学からの展望」Japan Marketing Academy

https://www.jstage.jst.go.jp/article/marketing/35/4/35_2016.013/_pdf

脇阪善則、山崎和彦「ストーリーテリングとユーザエクスペリエンス」

https://www.jstage.jst.go.jp/article/jssd/59/0/59_5/_pdf/-char/en

美木由保・大塚泰正「サポート受容のためのポジティブリフレーミングワークの効果の検討」広島大学心理学研究第11号（2011年）

https://ir.lib.hiroshima-u.ac.jp/files/public/3/32400/20141016190111709910/HPR_11_279.pdf

柴田利男「姿勢による感情経験および感情表出の変化」北星論集（社）第38号（2001年）

https://hokusei.repo.nii.ac.jp/?action=repository_action_common_download&item_id=821&item_no=1&attribute_id=45&file_no=1

平野真理「レジリエンス～多様な回復を尊重する視点～」広島大学大学院心理臨床教育研究センター紀要第15巻（2016年）

https://ir.lib.hiroshima-u.ac.jp/files/public/4/42743/20170412141949402237/shinririnsho_15_27.pdf

著者紹介

阿部真也（あべ しんや）

北海道公立小学校教諭。著書に『心理テクニックを使った! 戦略的な学級経営』『心理テクニックを使った! 学級が激変するダダクマ会議』『子どものやる気は「動き」で引き出す』（以上、東洋館出版社）がある。雑誌『授業力＆学級経営力』（明治図書）でも連載実績があり、学級経営には定評がある。教員限定情報共有サイト「フォレスタネット」にて実践を発信し、仕事術、授業技術についての記事が好評を得ている。

クラスが安定する！
教師の言葉かけ

2023年 3 月23日　初版発行

著　者	阿部真也
ブックデザイン	能勢明日香
イラスト	岩田雅美
発 行 者	佐久間重嘉
発 行 所	株式会社 学陽書房
	東京都千代田区飯田橋1-9-3　〒102-0072
	営業部　TEL03-3261-1111　FAX03-5211-3300
	編集部　TEL03-3261-1112　FAX03-5211-3301
	http://www.gakuyo.co.jp/
DTP制作・印刷	加藤文明社
製　本	東京美術紙工

©Shinya Abe 2023, Printed in Japan.
ISBN978-4-313-65480-8　C0037

自己調整学習力がぐ～んとアップ！

夢中を仕掛ける
「教えない」授業

丸岡慎弥 著

「主体的に学習に取り組む態度」、「学びに向かう力＝自己調整学習力」
を授業の中で育むための具体的指導法が学べる本！　教師が一方的に
知識を教え込んでいくのではなく、学習のめあてや取り組みに対して、
子ども自ら夢中になって学び出す指導スキルを、基礎から実践例とと
もに紹介。通常授業だけではなく、オンライン授業や宿題・家庭学習
へのつなげ方など、指導のコツが満載です！

◎ A5判 128頁　定価＝ 2090 円（10％税込）